进入21世纪第三个十年，回顾我国规划学科和规划学界近年经历的历史性变化和巨大进步，主要体现在两大方面：一方面是新的国土空间规划体系的建构，另一方面是城市发展模式和空间规划从主要是增量扩张到存量提升即城市更新的转型。正是党的十八大及继后的党的三中全会、五中全会以及2015年中央城市工作会议，对我国改革开放以来经济社会发展阶段和形势做出了科学判断，进一步明确和极大地充实了中国特色社会主义的丰富内涵，正确及时地把握我国城镇化的历史进程，提出了新型城镇化的时代转型。党的十九大报告中指出，我国社会主要矛盾已转变为人民日益增长的美好生活需要和不平衡不充分的发展之间的矛盾。以人民为中心的高质量发展目标已成为全社会共识，这同第三次联合国住房和城市可持续发展大会提出的人类未来二十年共同发展纲领《新城市议程》及17项可持续发展目标（SDGs）相互契合。从党的十八届三中全会首次提出"推进国家治理体系和治理能力现代化"这个重大命题到党的十九届五中全会明确"十四五"规划和二〇三五年基本实现社会主义现代化远景目标，并且具体到对我国规划体系的改革提出改革方向、内容和指导方针，催生了规划学科向真正符合人民和时代需要的方向发生深刻而伟大的变革，一系列相关文件指导着我国规划体系不断深化和完善。

我们从十余年的理论探索和工作实践中汇聚形成的这套丛书的主题——城市社区更新属于后一方面，可以说是在以人民为中心的思想指引下一部分城市规划转型课题的理论和实践的阶段总结。曾几何时，在当地政府邀请和委托下，我们走进一个个城市中低收入居民的社区，面对住房条件、居住环境、市政设施以及社会方面的多种问题，社区更新规划的工作方式、内容和程序无法继续沿用传统体系规划的范式。进入这个新的工作领域时，免不了要学习与参照西方发达国家的社区规划著作和范例，以及国内陆续问世的社区规划论著，从中获得较为系统的社区规划概念和方法，但是多彩多姿的国情和地域现实促进我们重新思考，走进社区人民群众和基层干部中共商共谋，在实践中创新求解。可以说，参与每个社区更新的过程都可以记录下一个个生动的故事，这也是规划师价值观的自我净化和升华。

说到社区更新和社区规划从早期的试验到最近纳入城市规划体系的历程，的确是意味深长。自中华人民共和国成立至改革开放迄今，在全国构建起区、街道、居委会三级城市基层政权组织体系，先后经历了从社区服务、社区建设到社区治理三个发展阶段。1986年，民政部首次把"社区"概念引入城市管理，提出要在城市中开展社区服务工作。2000年11月，中共中央办公厅、国务院办公厅转发《民政部关于在全国推进城市社区建设的意见》，明确"社区建设是指在党和政府的领导下，依靠社区力量，利用社区资源，强化社区功能，解决社区问题，促进社区政治、经济、文化、环境协调和健康发展，不断提高社区成员生活水平和生活质量的过程"，推动各地区将社区建设纳入国民经济与社会发展计划。2001年，社区建设被列入国家"十五"计划发展纲要。2010年至今，社区治理成为国家治理重要组成部分，重点在于构建城乡社区治理体系，提升城乡社区治理能力，打造共建共治共享治理格局。2017年6月，《中共中央　国务院关于加强和完善城乡社区治理的意见》指出，"完善城乡社区治理体制，努力把城乡社区建设成为和谐有序、绿色文明、创新包容、共建共享的幸福家园"。2017年10月，党的十九大报告提出，"加强社区治理体系建设，推动社会治理重心向基层下移，发挥社会组织作用，实现政府治理和社会调节、居民自治良性互动"。但在过去的20年里，在我国大多数城市中，无论是社区规划还是社区更新，主要体现在具体项目上，并未从法理和学理上得到"正名"。原因主要有三：一是从学理上社区规划或社区更新涉及跨学科的充分融合，复杂的交叉机理未臻定论；二是从项目实践上体现出很大的在地差异性和综合性，规划的技术和方法多方尚在各自探索；三是过去发展阶段传统城乡规划体系中社区的缺位，正式规划专业教材和法规暂付阙如。从20世纪90年代末以来，上海、北京、深圳、武汉、重庆等国内一些大城市也只是在一些点上开展起社区规划、社区更新行动。

令人鼓舞的是，今天社区更新和社区规划在全国城市方兴未艾地蓬勃开展，新成果和新经验层出不穷。社区发展、社区更新的时代已经到来。

《城市社区更新理论与实践丛书》启动于2018年底，选择了具有代表性的9座城市，分别是北京、上海、广州、重庆、成都、武汉、南京、西安和厦门，旨在梳理和总结每一座城市在社区更新方面的经验，系统整理因地制宜的社区更新理念（理论）、规划设计方法，并通过典型案例探讨社区更新的机制与政策。特别需要说明的是，本丛书各分册的作者皆来自高校的城乡规划学专业，他们既是我国社区更新、社区规划的实践者与研究者，同时也是观察者和教育者。大家的共识是立足规划的视野探讨具有中国语境下的城市社区更新，希冀从规划的多学科维度进一步丰富我国的城市更新理论和方法。写作和编辑这套丛书最大的体会，是必须努力学习、深刻理解习近平新时代中国特色社会主义思想的科学体系，牢固树立以人民为中心的发展思想，坚定中国特色社会主义道路的四个自信和五大发展理念，以此丰富和创新我国社区发展的规划学科理论。自豪地身处当下的中国，站在过去城市规划建设取得的卓越成就的基础上，经心审视社区的价值，充分认知社区之于国家治理的作用，努力发现社区作为实现人民城市愿景的重要意义，乃是本丛书编写的初衷。丛书的顺利诞生要特别感谢中国建筑工业出版社（中国城市出版社）的大力支持和辛勤工作。

"诗意的栖居"是人类包括中国人的共同理想。已做的社区更新规划研究和实践曾经陪伴了我们千百个日日夜夜，更深入到我们心灵中的每一天。我们更为不同社区的未来美好图景殚精竭虑。作为我国社区发展的城市规划工作的参与者，从实践到理论，再从理论到实践的不懈且无尽的努力，这既是使命，更觉荣光。

　　谨此为序。

赵万民

2021年10月

　　沃野千里的"天府之国"，孕育出了成都这座拥有2000万市民的现代化特大都市。蜀人自古具有"好音乐、少愁苦"的秉性，加之历史时期的若干次大规模移民，造就了成都兼收并蓄的包容性社会特征，形成了具有创新精神的城市品格。近年来，成都在国内外流行的各种城市排行榜上持续位居前列，被冠以最具幸福感、魅力度和活力度的"新一线城市"美誉，这无疑与城市的内在传统文化基因有关。

　　自2018年提出以发展"天府文化"为核心，加强"世界文创名城、赛事名城、旅游名城，国际美食之都、音乐之都、会展之都"建设，塑造"三城三都"品牌以来，成都一直明确地沿着上述路径加速其全球化进程，努力创建世界文化名城。

　　与这一进程并行的是以"人城境业高度和谐统一的现代化城市"为内涵的美丽宜居公园城市建设行动。围绕这一顶层设计的各种举措则更像是要植根于自然环境及在地社区传统，通过旧城更新抑或是新场景营造的具体手段，加以社区发展治理的内在支撑，促进地方空间和社会的系统优化。

　　究其本质，城市社区更新是在城市存量规划和社区治理的语境下，以改善社区环境、促进社区发展为目标，兼用城市更新和社区治理的综合手段而开展的社会工作与空间建设活动。城市更新不是"旧改"式的大拆大建，却重在"有机更新"，希望通过内部的结构要素完成空间的修复和再生产；而社区治理则在最接地气的微观操作中，兼具城市与社区发展的宏大视野。城市社区更新关注社区空间新陈代谢的现实需求，遵循城市存量发展的更新逻辑，协同社区内部调整与外部干预力量，不断完善社区功能，提升环境品质，优化社区服务，传承社区文化，持续强化治理能力，提高社区宜居性、加强社区归属感。

在新时代的宏伟蓝图下，党和政府部门赋能的城市社区更新营造出了诸多新的应用场景和生活方式，新的价值与规范逐渐建立起来并在社区成员中内化。成都老城的城市社区就是在这样的全球变化语境和地方治理线索中探索出了一条特色的现代化发展治理和更新之路。

成都老城社区的文化特征在城市与乡村、现代性与后现代性等方面并没有非常清晰的时空划分界限。成都历史上从来就是宜居的商贸消费城市，有着与成都平原乡村斩不断的密切联系，即使在工业化快速推进的时代，工业文明也未曾改变成都人闲适安逸的田园生活节奏。而当前"技术创新创造+场景孵化应用+城市机会清单"的新经济发展机制的建立，更是加快越过了工业化推动现代化和城市化的阶段。后现代性的特征和成都本地社区世俗包容的内在经济文化因素相得益彰，成为社区积极地支撑和改变着全球化进程的独特创造。

二仙桥社区的"东郊记忆"堪称社区更新早期的典范，新近涌现的许多令人称道的

案例，也能从上述逻辑中诠释成都城市社区更新的要义。一方面，世界名城和公园城市的目标导向、自上而下的巨大投入，在旧城中催生出了类似城市音乐厅之类的潮流地标建筑以及"八街九坊十景"等面貌一新的经典历史景观。另一方面，深藏在背街小巷中的老旧院落或小摊小店，似乎也能在信息化时代突然不经意地就成为吸引流量的"网红打卡地"。无论是以大慈寺社区"太古里"为代表的向世界弘扬天府文化和商业魅力的宏大的叙事场景，还是玉林社区"小酒馆"折射出的市井与街头文化活力，都是成都城市社区更新的有机组成部分，是社区发展治理和城市更新的若干行动的叠合，是互联网时代在小社区中多元和碎片的体验。

从另一个维度来看，却不难发现，所有这些看似矛盾的社区存在形态，以及基于不同社区特征之上的创新，无论置于党建引领的社区发展治理还是城市规划对秩序的理性追求之中，或者面对所谓的商业逻辑或是消费行为之时，仍能保持他们自身的价值判断和逻辑判断。

譬如，成华区在全国率先构建了社区规划师三级队伍体系，举办"城视成画"社区规划设计节。居民能够在专业人士的引导辅助以及政府资金的匹配支持下，主导社区规划立项选择、策划设计、建设监督、运营维护全过程，其成果还能参与社区营造学术交流。这些做法是对社区更新工作典型的自上而下的"结构性赋能"，成效十分显著。双流区则由社治委举办社区BBking等丰富多彩的交流、评比活动，让基层社区的能人把他们的面临的社区治理难题及应对措施以讲故事的形式表达出来，成功地构建了基层的话语体系，并将其活力向上传导，广泛传

播，显然充分发挥了基层工作的能动性。

　　成都城市社区更新的宝贵经验和成效使得作者有机会以系列丛书之一的形式予以观察、跟踪和总结梳理，在此，向给予机会的丛书主编致谢。本书写作得到了很多支持：钟凌艳参与了第2章、第3章部分内容的撰写，王孟琪对第4章的写作也作出了贡献，张涵、李鑫、普丹青、韩腾飞等参与了调研、资料整理与案例的部分内容撰写；成都市社区发展治理委员会、成都市规划和自然资源局城市更新处、成华区委党校、双流区委社治委、新都区委社治委、武侯区城市更新局等许多单位的同志给予作者参与实践、研究的机会；许多基层社区的同志在百忙之中陪同调研并帮助提供资料，在此一并深表感谢。

▶ 目录 ◀

第 6 章 ·········· **成都市社区更新的认知与思考** ··

第 1 章　绪论

1.1
成都市城市建设与治理的历史脉络

1.1.1 成都市城市建设的历史脉络及其在近代的演变

▶　　成都自秦代筑城以来，城名未变，城址未迁，"龟化之城""二江环抱""三城相重"，传统格局至今仍然有迹可循。历代文人骚客记载的城市意象，亦成为文化瑰宝，持续地传承下来。

　　城市的传统格局有着极强的生命力。1646年，成都被张献忠的军队焚为灰烬。康熙初年，又遭三藩之乱，以至于"成都城中绝人迹者十五六年……凡是廛闾巷官民居址皆不可复识"。然而，到了1664年清初重建之时，传统的城市空间格局仍然得以延续下来，与之相应的治理方式是城乡合治及地方自治，以及休养生息的民生政策。

　　由于偏居西南一隅，直至近代，成都因受到中央政权控制、工业化冲击、资本主义侵蚀以及国际化影响均相对较小，城市空间特征和社会组织方式仍保留十分鲜明的传统特征。密切的区域城乡关系、粗略的城市功能分区和街坊式的土地使用模式至今仍然在影响城市的文脉延续。内城的街坊院落、名胜古迹、祠庙寺观、池苑园林等历经多次战乱毁坏和修葺重建，还有一定程度的留存，地名也未曾改变。

　　历史传统也并非美轮美奂的理想场景。尤其到了19世纪末，清朝政权统治下的各大城市，空间衰败的特征已经非常显著。根据法国地理学家马尼爱的描述，传统城市空间被描述为"往往满目秽芜，不堪逼视"。经年累月的使用消耗，地方自治的视野与能力局限以及民风民俗习惯的桎梏，使得近代中国城市的市政设施和公共卫生条件不堪重负。相比较之下，成都还略好，如马尼爱所言，"广东、汉口、重庆、北京皆不能与之相比较"。不过这主要是来自于某条大街带来"如沪上之大马路然"的个别印象而已，且"其殆十八省中，只此一处，露出中国自新之象也"。

　　不难想象，成都从明末清初的战争废墟之中复兴，不断地依托既有格局，原址重建，历经一百余年，在18世纪晚期得到全面恢复，在当时亦算是一座"新城"；又历经百余年，至19世纪末，已跨越成熟稳定阶段，演变到难以承载30万人口的衰败状态。

成都似乎并没有完全处在农业文明故步自封的守旧思想之中，如商业大街的建设，在晚清的各大城市之中算是明显亮点。这也许与蜀人自古具有"好音乐、少愁苦"的秉性有关，加之各个历史时期的若干次大规模移民，造就成都兼收并蓄的包容性社会特征与容纳革新精神的城市性格。

其次，成都已经形成稳定的、制度非常清晰的"熟人社会"组织。从挑水夫、淘粪工们承担的城市市政供给，到排水沟等地方市政设施乃至地方铁路的修建，都是交予这样的自组织或地方组织完成。以"街头文化""茶馆文化"为代表的成都地方社区文化，在四川保路运动中，充分地展示出地方传统及其自治的力量。

在美国学者司昆仑的著作中，详细地描述了19世纪和20世纪之交，伴随晚清新政的推行，成都如何借鉴西方警察制度，建立起一种隶属于国家政权，但与地方自治密切沟通的新型城市管理制度，加强对以"街道"为主的城市社区的控制，较早地形成现代城市社区管理的雏形，取得了令人瞩目的成功。

1908年以警察局总办周善培为代表的政治人物和地方精英人士密切配合，引入经济发展项目，改革社会制度，更新城市空间景象，为乞丐收容、娼妓执业、戏剧改良、商业发展等提供新的城市空间。一位在1909年拜访过成都的英国访客评论："成都毫无疑问是中国最干净的城市，或许也是所有纯粹本土城市中最为进步最为开明的一座。"周善培建立警察制度，解决了以公共卫生问题为代表的诸多城市管理问题，更重要的是，他在国家政权下沉与地方自治的冲突和协同中求得平衡，实现社会改良和进步。遗憾的是，1910年开始的社会动荡，至1911年四川保路运动的兴起，打破了这一进程。

20世纪20年代，从城市规划的角度，美国城市改革运动和英国花园城市建设运动作为城市的理想被引入到成都，成都建设一个"花园城市"的目标也被明确提出。受到1921年成立于上海"中华全国道路建设协会"的理念影响，成都的城市建设和管理围绕道路建设展开，短暂主政的军阀杨森起到了决定性推动作用。以新道路建设为核心，城市规划关心的各项基础设施建设得到自上而下的大力推动，比如城市下水道系统，林荫道及附属设施，公厕、市场、公园、文化设施等。

与道路建设相冲突的各种问题被粗暴地对待，特别是占道拆迁等，引发民众抱怨，但由于力量对比悬殊，并未引发与地方社会的严重对立。"花园城市"建设推进的同时，社会改革也作为重要目标。对于妓院、丧葬行业人员、轿夫、乞丐、劳工、鸦片吸食者等群体的关注，以及城门开放（涉及交通和运输的便利）被明确地列入城市事务的改革目标清单之中。在这场变革中，地方的政治力量逐渐分化，即使杨森被赶出成都之后，他的许多创制也得以延续保留。

光宣新政之后，成都市以传统农业社会文明为主的城乡合治城市管理模式逐渐被动摇，在资本主义国家先进城市化经验的影响下，各种变革试验在不断的动荡中推进。新建政府和社会各种机构，基于一些共同的城市改革理想，与既有保守精英阶层不断协调，城市建设取得显著进展。早在1909年，具有里程碑意义的"劝业场"建成，开业当晚点亮了成都市第一盏电灯，年底因其交易量即跻身全国五大"劝业场"，开启西南地区城市现代化的先河。然而，随后一系列变故使得城市的改革步履蹒跚，惟稳定是求，市政建设受到严重干扰。

自1928年开始至1949年，成都市换了14位市长。在抗战"西迁"的历程中，成都不是工业迁建的重点城市，却有6年都处于日本轰炸之中，城市发展相对缓慢。抗战胜利前夕，市政建设开始得到进一步推动，直至1946年，成都市才建好真正意义上的自来水厂，而这项工作，在西南地区原本落后的重庆、贵阳、昆明等城市两年前已经完成。1949年，成都市建成区面积不到18平方千米，人均住房面积仅3.69平方米，这座古老的商贸消费型都市，在迈向现代化的进程中处于落后状态。

1.1.2 1949~1978 年成都市城市建设与治理

1949年以后，党和国家的工作重心转向城市。1952年，国家将成都市列为全国重点建设的8个大城市之一。从第一个五年计划开始，成都改变商贸消费型都市的历史定位，确立建设"以精密仪器、机械制造和轻工业为主的社会主义工业化城市"的目标，并大力投入重点建设项目。"二五"计划与"三线"建设时期，国家对成都的工业建设的资金投入持续加强，对铁路、公路、航空等基础设施进行全面建设，大幅度改善成都在全国的交通区位，提高了城市地位。

1953年，成都市编制城市总体规划，1955年获国家批准。规划决定对旧城原有三种不同格局路网作适当改造，使其相互联系又保持原有特色，并在此基础上建设环状加放射状的城市道路系统。同时成都市针对旧城进行城市更新，整治市政设施，对城市河道和下水道进行大规模的疏掏清淤、截污改建和沿岸棚户拆迁。为解决住房问题，政府新建住房并充分利用旧住宅，对草房、棚房和无房户进行安置，单位也修建职工住房，但建设资金杯水车薪，面对历史积累的沉疴积弊以及住房紧张的局面仍难以缓解。

"大跃进"期间，城市建设进程也迎来全面加速。在把成都建设成"具有多种工业的美丽的社会主义工业城市"目标指引下，提出"三年改观、五年大变、十年全变"的城市建设目标。在此期间，成都市加速旧城改造以适应"大跃进"形势，成立拆除城墙的指挥部，打破传统城市街道结构，进行环状、方格网式城市道路骨架建设。同时，政府全面推进城郊工业区发展，工业围城，大量农民涌入就业，城市的人口、环境和基础设施承载力不堪重负，在这种高速度、低水平的"过度城市化"情形下，现代"城市病"迅速出现。

经过1963年第二次城市工作会议"调整、巩固、充实、提高"的短暂历程之后，1964年"三线"建设使得成都工业化进程再一次加速，尤其是军工企业发展十分迅速。不过，这种片面强调生产的发展模式，离成都市的历史与传统越来越远。"文化大革命"期间，城市失去了发展方向。皇城城墙门洞、贡院明远楼、致公堂、木牌坊等历史文化名城核心位置仅存的标志性古建筑被拆除。

1.1.3 改革开放后成都市规划与建设概览

1978年3月召开第三次城市工作会议之后，成都市逐渐开启城市现代化的新进程。1980年，省委领导提出"成都的城市建设要从干道建设开始，带动其他建设"。1981年，成都市率先提出"以干道建设带动城市建设"的口号，并以"五统一"（统一规划、统一设计、统一征地拆迁、统一施工、统一指挥）原则进行规划建设。1982年，成都市计划委员会和建设委员会联合发布《成都市1982~1990年城市建设规划意见》，提出对城市的综合开发考虑，加强城市生活配套建设，有计划地加快旧城改造，集约发展，多渠道筹措建设资金，规划实施成效显著。同年，成都被列为首批全国历史文化名城。这一时期，城市建设也开始注重历史文化传统的保护与传承。对重点文物单位和风景名胜区的保护、三套城墙内的功能布置、大城和少城之中的街巷格局、传统街区保护区域划定、"二江抱城"的历史风貌保护与恢复都有考虑。

改革开放之后，成都市各个阶段城市建设遵循着城市总体规划确定的发展定位持续开展。1984年，国务院批复成都市第二次城市总体规划，成都市定位为："四川省省会、历史文化名城，四川省的科学文化中心，以机械、电子、轻工为主的工业基地"。成都依托合并了温江专区的资源整合优势，建设了机场路，城市建成区从一环路扩张到二环路。

1994版的成都城市总体规划把成都定位为"四川省省会，全省政治、经济、文化中心，西南地区的科技、金融、商贸中心和交通、通信枢纽，全国重要的旅游中心城市和国家历史文化名城"。伴随从四川省的中心到西南地区三中心两枢纽的城市定位提升，这一时期成都市城市建设迅猛发展，规模扩张十分显著。成都双流机场正式命名为成都双流国际机场，国际候机楼、机场二跑道相继建成运行；成渝、成绵、成都机场高速，成灌、成雅、成都绕城高速，成南、成温邛等高速公路通车；成都市绕城高速公路（四环路）以内成为成都市的"中心城区"。经历了5·12汶川地震，城市和乡村进一步统筹发展。

2011版的成都城市总体规划将成都市定位为"四川省省会，国家历史文化名城，国家重要的高新技术产业基地、商贸物流中心和综合交通枢纽，西部地区重要的中心城市"。这一时期对城市的定位进一步提升到国家级的基地、中心和枢纽，西部地区中心城市，城市向南建设"百里中轴"。随着四川天府新区获批，意图"再造一个成都"，成都市城市发展改变了长期以来围绕"一心"圈层发展的结构，变成南北"双核"发展的结构。第二绕城高速公路通车，高速路网不断加密。成都铁路东客站建成，成渝城镇群城际列车相继开通，成都市进入了轨道交通建设全面推进，围绕轨道交通进行新城开发、城市空间结构和开发强度调整的新时代。

2016年国务院批复的《成渝城市群发展规划》则明确成都建设国家中心城市的定位，

简阳市划归成都代管。2018年公示的《成都市城市总体规划（2016~2035）》草案，提出建设国家中心城市、美丽宜居公园城市、国际门户枢纽城市、世界文化名城和迈向可持续发展的世界城市。其中，成都市东部新区的建设，以龙泉山森林公园为新的城市中心，进一步改变"两山夹一城"的传统空间结构，向"一山连两翼"的新结构发展。成都经济区环线高速公路以及成渝城镇群内各条高速公路即将竣工。2020年，成渝双城经济圈建设"两中心两地"的定位提出，要推进沪渝蓉高铁重庆至成都段等重大区域基础设施，将成德眉资市域铁路纳入规划，"轨道上的成都都市圈"建设将"成德眉资"同城化发展和区域协同推向了新的高度。

从上述规划和建设的历程中可以清晰地看出，改革开放以后的城市建设伴随时代发展，思路不断更新，从最初基于城市自身比较务实的判断，逐步向更大区域视野拓展，向更高城市定位进取，成都市在系统全面的城市规划指引下，不断推动其城市现代化建设进程加速以及空间治理水平的提升。

1.1.4　1990年以来成都市城市与社区更新的重要行动

1.1.4.1　府南河、沙河综合整治工程

府南河是成都市的母亲河，然而伴随城市现代化进程的快速发展，到了20世纪90年代初，城市人口迅速增长和工业的发展导致生活污水以及工业废水无序排放，河底淤泥和垃圾壅塞，府南河成为"臭水沟"。二江堤防失修，防洪标准仅为10年一遇，城市基础设施不堪重负，河流两岸棚户区密布，人居环境十分恶劣。

府南河整治工程从1994年全面启动，到1997年，历时4年完成，投入资金27亿元。项目由政府主导，包括防洪改造、环保改造、道路管网改造和住房改造等工程内容，集中对城市环境极端恶劣的区域进行环境改善。该项目改变了府南河在20世纪90年代初期因为人口、工业发展而导致的"臭水沟"形象，该项目获得了"联合国人居奖""地方政府首创奖""联合国改善居住环境最佳范例奖"等多个奖项。府南河改造过程中一共搬迁了10万人，新建了24个小区和19个开放性公园，拆迁工程变成了安居工程。沿河两岸的房地产市场也因此逐渐成熟，打造了成都最早的"河居时代"。

2001~2004年，成都开始沙河综合整治工程，该项目获得2004年"中国人居环境范例奖"，沙河成了继府南河之后成都的第二张名片。同时，沙河综合整治在借鉴"府南河模式"的基础上又有了新的发展，资金筹措工作由专门的沙河投资公司负责，规划绿化带宽达50~200米，更加注重河流的生态效益。沙河整治工作完成后，城市东部和北部区域的人居环境得到了大幅度的提升。

1.1.4.2　"北改"区域大规模的城市改造

成都市大规模的城市区域改造活动始于2012年的"北部城区老旧城市形态和生产力布

局改造工程"（简称"北改"），当时被称为最大规模的民生工程，力争通过五年努力，改变城北片区老旧城市形态和落后生产力布局。"北改"片区共211平方千米，主要集中在成都市金牛区、成华区和新都区，该部分区域是成都传统商品批发市场密集区，产业功能业态低端，产业链条单一，市场集约度低，城市结构不清晰，功能组织分散，城市空间形态老旧，各项基础设施和公共服务设施严重不足。

"北改"片区的规划将其定位为成都市城北副中心，规划提出按照城市级的要求规划建设基础设施、产业发展等，希望通过城市副中心和分片区中心的建设，公共配套设施的大幅度增加以及道路等基础设施的大规模优化，改变该区域原来形态老旧、功能低端、空间混杂、无序发展的状况。其具体的实施方式分为建新①、更新②、改旧③。

市政府及时进行政策上的支持，发布《关于进一步推进北城改造有关政策的意见》（成办发〔2012〕20号文）。该意见制定了"政府主导、社会参与、多元主体、群众自愿""整体规划、分类推进""政策统一、政策杠杆"三大原则。在"北改"区域范围内，政府执行了较为宽松的规划管理政策，并对其中"四轴四片"重点范围内制定了土地利用、项目报建、房屋征收、财政税收等一系列政策予以支持。

在"北改"进程中，政府采取整体规划统一建设、多种方式供地，鼓励社会资金参与改造、支持企业加快开发建设、分类分期减免报建费用、精简项目报批审查环节、支持选择货币化方式的居民购房、加大市级财政资金支持力度和土地政策支持力度、加大市、区财政统筹力度并统筹安排基础设施建设专项资金，部分返还报建费用、税收优惠。至2017年，"北改"工程基本收官时，累计实施项目超过1000个，完成投资超过3000亿元，成都市城北区域城市功能和结构得到明显改善，城市形态和人居环境质量得到显著提升。

1.1.4.3 "四改六治理"十大行动

2014年12月9日，成都市政府出台《成都市城市建设管理转型升级四改六治理十大行动专项工作方案》，标志着成都市全面启动"四改六治理"十大行动。这是继"北改"之后，成都在全市范围内启动的又一项大规模民生工程。"四改六治理"中的"四改"指棚户区、城中村、老旧院落、老旧市场改造，旨在改善居民生活环境；"六治理"指大气雾霾、河渠污染、交通秩序、市容市貌、违法建设、农村环境治理，旨在提升城乡环境品质。"四改六治理"涵盖城市空间、产业、生态、管理和城乡形态多个方面，是一项内容丰富、涉及面广的系统工程。行动计划改造棚户区2746公顷、老旧院落1134个、老旧批发市场127个、黑臭河流413条。"四改六治理"进一步推动了成都市的城市建设管理转型升级，为建设现代化国际化大都市进一步夯实基础，在改善城市人居环境方面起到了重要的作用。

---

① 指符合规划要求的新建模式，主要在新征国有建设用地上的建设行为。
② 指改善消防设施、基础设施和公共服务设施、沿街立面、环境整治和既有建筑节能改造等内容，建筑使用功能不变或部分转变，建筑主体结构、土地使用权利主体和使用期限不变的建设行为。
③ 指对原有整体情况较差，外观破旧，功能不完善，居民生活环境差的建筑，按照规划要求重新建设的行为。

1.1.4.4 社区发展治理"五大行动"

2017年9月2日，成都召开全市社区发展治理大会，聚焦成都城乡社区发展面临的新情况、新问题，探索特大城市社区发展治理的新路子。会议提出，要处理好科学发展与有效治理、党建引领与融合共治、行政推动与共建共享、城市特色与现代城市、依法治理与文明浸润五方面的关系，要围绕建设高品质和谐宜居生活社区的目标展开"五大行动"。

"五大行动"是城市更新工作与社区发展治理工作的有效结合，其具体内容包括：①老旧城区改造行动：用五年时间全面改造完成棚户区790公顷涉及5.2万户、城中村项目88个涉及8357户、老旧院落1584个，使老旧城区功能优化、产业重生、焕发生机。②背街小巷整治行动：整治背街小巷"乱象"，畅通街区街巷"微循环"，留白增绿。③特色街区创建行动：打造一批特色精品街区，创建一批特色小镇，塑造一批川西林盘聚落。④社区服务提升行动：健全社区服务配套设施，优化社区综合服务功能，促进社区生活性服务业提档升级，鼓励社会组织提供专业精准服务。⑤平安社区创建行动：加强社区法治建设，推进共商共建，完善矛盾纠纷调处机制，培育"向上向善向美"的社区精神。

《成都市社区发展治理"五大行动"三大计划》（成委厅〔2017〕144号文）发布了三年计划，推动"五大行动"的开展。在每项行动下设21项实施计划，由房管局、城市管理委员会、建设委员会、商务局、民政局乃至市委政法委、组织部等牵头单位带领若干责任单位，分年度协同完成。"五大行动"可以说是动用了全市的力量，其中特别引人关注的是新成立的党委工作部门——"社治委"及其相关工作。

2017年，成都市将市统筹委与市农委进行整合，设立了中共成都市委城乡社区发展治理委员会（以下简称"社治委"）。该委员会的设置针对当前社会转型发展，城乡社区治理和服务面临城镇社会结构日趋多元、群众利益诉求复杂多样、信息传播方式深刻变化、基层治理难度加大等多重考验，以及城乡社会管理行政化倾向日益突出，为居民提供高效便捷公共服务的职责有所弱化等问题，从顶层设计上解决社区发展治理部门分工之间的统筹协调，并强化城乡社区管理和服务的需要。

社治委牵头社区服务设施优化、社区综合服务提升和社区志愿服务提升三项计划，并参与棚户区改造、城中村改造、背街小巷"乱象"整治、街区街巷"微循环"功能提升、特色精品街区打造、特色小镇创建、林盘聚落塑造、社区综合体建设、社区"造血"增能、社会组织扶持发展、政府购买服务方式改进、"一核多元、共治共享"深化、大联动·微治理、社区总体营造等14项计划。

从上述计划中可以看出，除了与之前的城市改造与更新活动解决的市民居住生活环境硬件提升，形态美观等需求相同外，社区发展治理更加强调街区特质彰显、社区服务高效和基层社会和谐，以及社的居住舒适度、人文感知度、生活便捷度、公共安全度全面整体提高。这是将城市更新工作与高品质和谐宜居生活社区结合，实现城市空间硬件设施与社区治理成效提升相得益彰的新要求。

"五大行动"虽立足细微，但仍然是自上而下的全市性大举措。各区（市）县按照《成都市城乡社区发展治理"五大行动"指导标准汇编》的目标指引，强化项目管理与重点项目可视化，增强项目显示度。实际工作中采用"三晒三提高"的做法，项目实施前晒方案，深入社区展示，提高知晓度；实施中晒进度，发动市民监督，提高参与度；实施后晒成效，组织市民评议，提高满意度。按照"每月一观摩、看新不看旧"的要求，推进现场会，推动"五大行动"落地落实。社区发展治理和城市更新按年度计划顺利进行。

1.1.4.5 以"社区微更新"促社区发展治理

伴随社区发展治理"五大行动"的深入开展，2019年3月，成都市城乡社区发展治理工作领导小组办公室发布了《关于开展"社区微更新"专项行动的通知》（成社治办发〔2019〕9号文）。该通知要求：坚持以人民为中心的发展理念，以功能提升、品质打造为核心，聚焦社区居民看得见、摸得着的"家门口"小微公共空间，实施"针灸式、精细化"的城市更新策略，着力解决社区"公共空间品质不高、公共服务设施不足、文化记忆淡化"等问题，营造社区精致生活场景。

通知明确提出了"社区微更新"的概念，即按照循序渐进的城市更新理念，着眼社区基本单元，以群众需求和参与为导向，对社区内品质不高、长期闲置、利用不足、功能不优的微型公共空间和老旧建筑进行改造提升，创造有地域特色和归属感的社区空间新形态，推动城市存量空间的活化与利用，唤醒社区文化记忆。其具体的工作内容主要包含社区小微公共空间的品质提升和社区老旧建构筑物的活化利用两个方面的内容。

"社区微更新"与"五大行动"自上而下地确定和推动项目的模式不同，明确要求：已纳入"五大行动"以及自上而下推动的类似党群服务中心亲民化改造等项目不作为"社区微更新"项目。"社区微更新"项目明确要求自下而上地由基层社区提议，聚焦群众反映强烈的突出问题，整合辖区资源，系统梳理并整体策划，分步实施，希望通过集成、集中、成片的微更新活动，逐渐增强项目的显示度，达到社会效益。

同时，"社区微更新"项目还特别强调多元参与、创意突出、特色鲜明、共建共享。在微更新的过程中，要求通过社区规划来进行引导，发挥社区规划师的专业指导作用，让社会组织与社会企业参与到项目设计、建设实施、运营维护、商业改造等进程中去。

基于上述导向和对项目申报、实施的要求，成都市社治委在2019年和2020年连续两年举办了"美丽社区·共建共享"的"社区微更新"创意项目竞赛活动，用以奖代补的形式予以奖励。各区市县参与的积极性很高，两年一共评选出了80个获奖项目，项目"小中见大"，出现了许多具有代表性、创新性和创意感的典型案例。

1.1.4.6 从"中优"政策的结构性调整到城市有机更新

自20世纪80年代起，以干道建设带动城市建设的思路，发挥了近40年的重要影响，直到2017年成都市"十字方针"建设理念提出前后，才开始在全市层面有了优化空间结构，重塑经济地理的根本性变化。

2017年4月举行的成都市第十三次党代会，提出了城市发展"东进、南拓、西控、北改、中优"的"十字方针"。"十字方针"是成都市前所未有的系统性优化城市空间格局，重塑经济地理的重要指引，根据"十字方针"，各主要分区都进行了四级体系的城市规划编制，明确了具体的空间政策。

"中优"政策针对成都市发展历史上各种资源要素高度集聚、城市开发强度过大以及由此产生的诸多大城市病症，进行了降低开发强度、降低建筑尺度、降低人口密度、提升产业层次、提高城市品质等所谓的"三降两提"的重要调整。希望通过对中心城区空间范围的改划、功能定位的重塑以及各项指标的调整，进一步优化城市空间形态、强化国家中心城市的"极核"功能、提升城市的宜居性和市民的归属感。结合"中心城区容量研究""中心城区商业规划研究"等研究的结论，"中优"相关规划提出了适合成都本土特征的"空间腾挪+产业调迁+人口政策"的综合性解决方案。相应地，管理部门调整了城市规划管理技术规定，对区域内城市开发的容积率等核心指标进行了严格管控，并出台了"非核心功能疏解""文化特色彰显"等相关政策，以及包括社区发展治理"五大行动"在内的行动计划。

"中优"地区大致按照五环路以内划定了1264平方千米的范围，与原以四环路内为边界不到600平方千米的中心城区范围相比，几近扩大了一倍，各项政策的区域影响非常之大。"中优"政策实施两年来，该地区的城市空间品质得到了相当大的提升，但在国际局势和国内经济形势的变化过程中，也同时发现"中优"地区存在所谓"产业空心化""消费场景不足"等潜在风险。如何利用存量资源，围绕核心空间，吸引社会投资，循序渐进地推进"公园城市"建设新理念的早日实现，成为当前的挑战。

在上述背景下，成都市提出了城市有机更新的理念，并于2020年4月印发了《成都市城市有机更新实施办法》。成都市的城市有机更新是为加快美丽宜居公园城市建设步伐，以公园城市建设引领城市有机更新，将城市有机更新与公园城市建设、TOD综合开发有机融合的模式。其具体操作方式是在中心城区范围内，通过城市更新单元的划定，对"中优"方针及其政策影响范围进行精细化的深入调控。与城市有机更新相关的各项空间政策也在划定有机更新单元的同时进行了提前谋划，包括容积率在总体平衡的基础上局部地区调增等政策也将在城市更新单元的范围内得到实施。

1.2
成都城市社区更新的概况

1.2.1 城市社区更新的概念与内涵

▶ 　　梳理成都市城市更新的历程可以发现，城市更新在不同阶段围绕现代化城市干道建设、河道综合整治、老旧住房改造、城市片区再开发、各专项治理行动，到全面系统性的城市有机更新，工作对象有明显的阶段性。从最初关注城市重大市政基础设施的改造，到住房质量和住区品质提升，再到注重社区发展治理与空间手段的有机结合，城市更新的内涵不断丰富。城市社区更新的概念即在城市规划建设利用存量资源发展，以及国家对基层社会治理能力现代化的语境下提出的。

　　参照上述城市更新和社区发展治理的要点，提出城市社区更新的概念，即：城市社区更新是在城市存量规划和社区治理的语境下，以改善社区环境、促进社区发展为目标，兼用城市更新和社区治理的综合手段而开展的社会工作与空间建设活动。

　　城市社区更新遵循城市存量发展的更新逻辑，关注社区空间新陈代谢的现实需求，协同社区内部调整与外部干预力量，不断完善社区功能，提升环境品质，优化社区服务，传承社区文化，积累社区资本，持续强化社区治理能力，提高社区宜居性、适应性、认同感和归属感。

1.2.2 成都市城市社区更新的标志性事件

　　中共成都市委城乡社区发展治理委员会的成立，以及随即开展的社区发展治理"五大行动""社区微更新"等系列行动，打破了部门各自为战、社区利益得不到应有保障的局面，标志着成都市城市社区更新时代的开启。

　　成都市城市社区更新的主要特点是在党建的引领下，在各项城市更新和社区治理工作的持续推动下，对社区"还权、赋能、归位"，将扎根在基层社区的各种力量发动起来，自上而下和自下而上相结合，外部资源和内生力量相结合，空间手段和社会工作相结合，针对社区的特征及其现实需求，问题导向、细处入手、群策群力、大胆创新，使社区在城市更新和社区资本培育的进程中不断获得收益。

1.2.3 当前成都城市社区更新面临的典型问题

1.2.3.1 空间环境局限

近年来，成都市在全国的知名度和吸引力非常高，连续11年位居"中国最具幸福感城市"榜首，在投资、就业、活力等城市排行榜上，都稳居前三，2020年流入人口排名全国第三位。成都的城市魅力以及对未来成渝双城经济圈"高品质生活宜居地"的建设预期，对城市空间的规划建设和管理水平的要求越来越高。

然而，当前城市发展中遗留的市政、道路等基础设施服务水平不够（图1-1），重大公共设施分布不均，绿地以及教育、医疗、停车等公共服务设施严重不足，建筑老旧、环境品质恶化导致空间衰败（图1-2）、社区空间品质不佳（图1-3）、违法建设现象屡禁不止（图1-4）等问题也十分严峻，城市空间更新工作的难度较大。

在城市重要区域拆除违法建设空间，是疏解空间的首要举措。仅在2014~2017年"四改六治理"行动期间，成都市整治拆除违法建设点位3515处（图1-5），涉及建筑面积139.4公顷，其工作的重点区域包括：城市环路和城市干道50米辐射范围内、省体育馆等重要公共建筑以及包括城市公园在内的重要城市公共空间。尽管政府投入巨大资源应对，但除了城市级的重要区域之外，违法建设现象仍然非常普遍，对一些"非正规"空间引发的讨论也受到更多的关注。

利用城市更新手段，不断进行空间置换、功能调整、配套完善也是城市建设与维护工作的重要内容。但老城区历来空间资源紧张，特别是在过去某些发展阶段，过高的居住用地和住宅容积率追求，导致公共空间的保障缺口很大，空间弹性不足，公共服务设施、邻避设施难以落地。在老城中"见缝插针"地增加公共设施和开敞空间（图1-6、图1-7），由于受到的阻力不同，具有偶然性和不稳定性。在实施过程中，一些设施和空间被设置门槛，使用者需要花费一定成本才能进入，社区空间使用的平等性和开放性不足。

图1-1 阻碍行人通行的停车空间

图1-2 杂乱失序的社区公共空间

图1-3 局促破败的职工宿舍

图1-4 旧建筑上的违法搭建

图1-5 普遍存在的违法搭建

图1-6 "见缝插针"式的幼儿园布局

图1-7 新旧混杂的社区环境

1.2.3.2 经济水平制约

与东部发达地区的城市相比，成都市城市土地利用效率偏低。根据2019年统计数据，"中优"区域的GDP总量约8200亿元，地均产值仅14.7亿元/平方千米。如果按照城市总体规划确定的较大的"中心城区"范围计算，GDP总量约10000亿元，地均产值仅11亿元/平方千米。近年来，土地存量发展的限制以及个别区域重大功能调整难以落定等因素制约着城市空间的发展，老城的5个城区已经连续8年出现了GDP总量、社会消费品零售总额和企业工业营收增速不及全市水平的情况。

图1-8 多种经营的混合业态

值得注意的是，根据市商务局《关于成都市闲置商业更新的调查报告》，调研的33处、总建筑面积337公顷的商业楼宇中，平均入住率仅52%。随着城市新区的拓展，各种类型商业综合体大量兴建，商业办公建筑面积总体过剩。现实的情景是，高端的商业楼宇十分稀缺，同时存在着大量品质低下、空间老化、功能衰退、不能适应新形势的闲置商业办公空间。

社区级的生活性服务总体上比较便利，但近年来电子商务对日常消费方式的引导进一步剥夺了社区地方经济发展的空间，社区生活服务性产业面临着重构和转型的巨大挑战（图1-8）。如果社区产业被进一步替代，日常生活的成本存在上升的风险。在部分农村人口安置社区以及流动人口较大的社区，就业与社会保障的矛盾、结构性失业、贫富差距等问题仍然较为突出。总体来看，社区产业发育不足对于基层社区治理的经济逻辑存在着明显的挑战。

1.2.3.3 治理任务繁重

成都市"党建引领，多元共治"的新型基层治理体系已初步形成，但在党政部门、社区两委成员、业委会、居民议事会、专业物管、专业社工、社会企业、社会组织等治理构成上表现出很不均衡的特征，社区治理能力的差别比较明显。

根据深入观察和调查了解，社治委的职能交叉较多，部门的协调与调动能力存在局限，短时间内大量的工作成绩是在创新思路、积极谋划、主动承担、超负荷运转的非常规状况下取得的；社区两委落实各项具体工作的责任很重，一直处在呼吁"减负"的诉求中，然而，随着社区发展对治理水平和业务能力要求的不断提升，社区两委成员不但不能避免日常工作琐碎而强度大的现实（图1-9），还面临工作标准提高、自身素质提升的巨大压力（图1-10）；社区的社会工作者大多积极热情，细致入微，但在现有的薪资水平下，人员流动性较大，对社区工作的稳定性具有一定不利影响；业委会、议事会及各种社会组织，在

图1-9 街面交通管理缺位

图1-10 背街小巷更新管理水平欠佳

组织水平和治理能力方面存在很大差异。政府通过购买服务的方式所培育的社会组织和社会企业，其数量和服务能力整体还比较薄弱，对政府组织机构的行政依赖较大。

从社区的类型细分来看，城市化进程中，某些农民拆迁安置小区的社会保障工作还没有完全落实，个别居民通过信访等方式予以表达；某些厂区大院的单位制社区，面临传统社区关系的解体，但良性的邻里关系尚未形成；老旧商品小区，居民年龄构成老化，普遍存在物业破旧等现实问题，使得社区出现衰败景象；某些高端居住区在社区自治方面理论结合实践，不断探索创新，但这类社区与周边社区邻里间并没有形成实质性的社会混合，对周边社区的带动作用还有待加强。

总体来看，"共享易、共治难"的现象较为普遍。社区治理是伴随社区更新的持续监管过程，若缺乏足够的公众参与，日常生活中居民最基本的民生、安全、服务等需求得不到正常的满足或有效的沟通，或是社区治理的工作人员长期处于高度压力之下，都容易引发各类潜在的矛盾，甚至发展为更大的社会冲突。

1.2.3.4 文化培育不足

成都传统的以"茶馆"为核心空间的市井与街头文化是极富特色和包容性的，全球化更是带来了更加丰富多元的文化内涵。在这样的背景下，社区文化的形成、特色的彰显，地方价值观和社区精神的培育，对于加强社区居民的身份认同感和社区归属感尤为重要。

社区文化的形成、传播、交流有其具体的环境条件，社区文化的培育则更是一个长期的过程，文化习惯的改变相较于文化设施环境的改变更为不易。

"单位制"社区利用有限的文化设施，有计划、有组织地在单位内部开展各项文化活动。由于"单位"具有鲜明的符号色彩，"单位人"参与文化活动的集体性较强，其文化价值的趋同性也比较明显。"单位"内部的文化组织机构及其文化活动场所与外界相对封闭，一定程度地形成了隔离现象，但某些与城市经济发展特别密切的单位，对城市文化的影响也特别深刻。如所谓"铁半城"的称谓，就是对成都市城北区域依托于成都铁路局庞大的相关机构发展起来的各种功能和文化特征的表述。"单位制"社区根深蒂固的观念使其在转型的过程中，面临着既要保持自身文化特征，又要与城市文化融合、适应的问题。

而在"街居制"的背景下，居委会长期以来缺乏公共资源去助推社区文化建设，无论是人才、经费还是场所，居民的文化活动内容长期受到城市空间和社会条件的制约。城市化进程中对于土地经济的追逐，造成了公共空间资源的极度缺乏，而高品质文化空间的商业化，更使得居民对城市和社会公共价值的概念模糊。在普通的社区场所，居民争夺公共空间资源的现象时有发生。尽管近年来成都市的一些社区已经出现了一些优秀的社会组织并举办了相关的文化活动，甚至成为"网红"打卡地，但据观察，大多数社会自组织的文化活动受其组织能力不足的限制，只能维持基本的文化娱乐需求，社区文化的培育因为各种资源的缺乏，总体上还存在很多不足。

2

第 2 章　成都市的城市住区演变与生活传统

2.1

古代成都城市与住区的形态演变

2.1.1 秦代筑城及其闾里制

▶ 　　古蜀国杜宇时代对水患的治理，有效地改善了成都平原的生产生活条件。公元前311年秦惠文王时期，古蜀国改为蜀郡，第一任郡守张若和将领张仪筑大城，大城西筑少城，形成了成都"双城"和"重城"的格局。同时又有"市张列肆"一说，即修建专门的、用于集中交易的市场，并在市场中设立不同性质和种类的商品交易区。秦昭襄王时期，李冰父子修建都江堰。在排水泄水、治理沼泽过程中逐渐发展起古蜀国的农耕文明，使得成都成为"天府之国"。成都被两条水系（古府河和古南河）环抱，居民生活与水相依，河流除舟运、灌溉、濯锦外，还有护城之用。

　　秦代成都的居住与商业功能主要集中于少城，行政、手工业作坊等功能则集中于大城，已出现城市功能分区的雏形。随街道布置，呈"井田式"向心组织。这一时期实行封闭的闾里制，共有四百多闾。但闾的形状多无定制，有正方形、长方形，也有不规则形状。闾里内的居住也进行了分区，达贵富人居于闾门之右，普通民众则居左。居民区交易的"市"与居住的"里"分离，居民生活与市场活动在不同场所进行，商人与手工业者就近居住在"市"附近，而普通市民主要分散居住在城市的"里"中。

2.1.2 两汉魏晋南北朝的里坊

　　至汉代，成都城市格局仍沿袭秦制，手工业和商业迅速发展，成都成为全国性工商业城市，并向外扩张。两江（李冰执守蜀郡时期修建的郫江和流江）在成都城南并肩而行，两江间的狭长地带形成了工商业聚集的繁华商区，即"两江珥市"，同时这一带也是货物集散地和交通枢纽中心。城市的织锦业繁荣，蜀锦因其华美和精致带来的巨大销量而成为经济的重要来源。成都也因锦官（即公营织锦厂）的出现而被称之为"锦官城"。公元221年，刘备在蜀国称帝。三国时期成都作为蜀国的都城，其商业发展自成体系，扬雄在《蜀都赋》中描写道："东西鳞集，南北并凑，驰逐相逢，周流往来"。左思在《三都赋》中也曾描写道："市廛所会，万商之渊，列隧百重，罗肆巨千，赇货山积，纤丽星繁""开高轩以临山，列绮窗而瞰江"。这些绚丽的辞藻描绘出了成都的空间形态和社会生活。蜀都的城市建设也超过了当时的魏都和吴都。这一时期的出土市井画像砖中可以看出，成都市内正中有重檐市楼一座，为市府之所在。市内四条道路，沿道路两侧排列着店铺，有着城市空地和城市居所。成都城市中留下了大量的三国文化遗迹，其中最著名的为诸葛亮、刘备及其他蜀汉英雄君臣合祀祠庙——武侯祠。

晋代，成都的大城为州城，少城为郡城。但州郡制度不善，人事不调，祸起萧墙。公元346年，桓温平夷成都少城，成都仅存大城，城内北、西、南面的屋宇被毁。经历魏晋南北朝战乱的衰落期后，成都再次发展，南北朝后期成为新"丝绸之路"的商品物资集散地。这一时期，成都的城区建设在前朝闾里制的基础上发展出里坊制。里坊制依然实行"坊""市"分离的功能分区体制，形成了相对封闭的城市居住空间。所有的"坊"定时开放，且"坊"的布局相当规整。居住区被称为"里坊"，主要是居住功能，市场被称为"市坊"，主要作用是商品交易。而"市坊"是根据城市的总体布局，选取合适位置的"里坊"来作为集中交易场所。《登成都白菟楼》中写道："重城结曲阿，飞宇起层楼。街术纷绮错，高甍夹长衢。"描述了成都城市井然有序，城楼雄伟壮丽，街道繁华热闹。其诗亦云："人生苟安乐，兹土聊可娱"，描绘了富庶安乐的生活及其赋予成都居民休闲平和的气质。

2.1.3 隋唐两宋时期的市集与街巷

隋朝成都作为蜀的中心城市，聚集的城市人口越来越多，城市空间发展局促。隋文帝次子、蜀王杨秀向西、南两个方向扩建旧城，增大了成都城池的面积。特别是在成都城市的河流附近和主要交通干线周边，市场密集，商品交易十分活跃，城市手工业和商业持续稳定地发展，蜀锦、酿酒、冶炼等技术达到较高水平。《隋书·地理志》中描述有："水陆所凑，货殖所萃，盖一都之会也"。隋后期，成都的战乱减少，社会经济相对稳定，社会奢侈，游乐之风盛行。诗歌集《花间集》里就有当时贵族出城游览青城山和峨眉山的记载。而民众集体游宴之俗依托各种集市场所也得到充分发展，同时，依河而生的自由市场，具有贸易和游宴活动双重性质，市民可自由穿梭于由集市组成的公共空间网络中。

唐代名将高骈在赴蜀平乱期间，在成都城市外围修建"罗城"（外城）以加强军事防御，将城区面积扩展6倍左右。王徽《创筑罗城记》中描述："其外则缭以长堤，凡三十六里。或因江以为堑，或凿地以成濠"。因而，成都由"两城相依"的城市结构，转变为"罗城、子城二城相套""二江抱城"的结构，奠定了成都的城市基本框架格局。当时，成都东南两侧已发展出十分繁华的商业及居住区域，向北是到长安的交通要道，道路两侧也是商贸居住地，因此罗城规划的核心是保留东西和南北两个方向的中轴线。城南的大片坊里作为安置百姓的生活空间，而原城市中心则主要是官员和权贵的生活空间。唐代诗人张籍就通过"锦江近西烟水绿，新雨山头荔枝熟。万里桥边多酒家，游人爱向谁家宿"描绘了当时成都良好的城市形象，包括烟雨朦胧、近桥临水的优美居住环境和酒肆林立、人来客往的繁华商业景象。这个时期，成都形成了在浣花溪、百花潭、大慈寺、昭觉寺等地组织节日庆典与游乐活动的风俗。节日当天，当地的政府官员会在城市的繁华地带搭起棚屋，鼓励贵族和平民参加聚会和杂技欣赏等活动。同时，官舫民船顺江而下，出城路线清晰，以事游赏，这是全城性质的城区及近郊的游乐活动。

唐末战乱，唐僖宗与大批文武官员避难成都，又由于蜀地相对安定，成都出现了大规模移民的高峰。随着城市人口激增，市民日常生活需求增加，城内出现了许多沿街的酒楼茶坊、店铺和以它们为中心的街市。这一时期，居住建筑突破了"里"的限制，而分布在通往街道的巷子上，住宅门直接开向大街。商业活动也逐渐摆脱封闭型市场空间的限制，出现了临街设立店铺的城市场景。城市内部空间布局逐渐发生了历史性转折，里坊制被街巷制取代。这样的城市结构一直持续到了宋代，有围墙的、封闭的居住单元瓦解，形成了开放型的城市格局和居住形式，城市的居住、行政、经济、交通等功能高度复合，城市的流动性与开放性增加，市民性得以发扬。宋代诗人张唐英在《蜀梼杌》中描述有"村落闾巷之间，弦管歌声，合筵社会，昼夜相接"。

2.1.4 元明清时期的街坊院落

元明清时期的成都保留了街巷制，并对其进行了发展。大街串小巷，大街连接了城市的不同区域，小巷深入到了住宅区域内部。该时期成都的住宅一般为四合院形式，住宅对外封闭以安全避风，提供私密性较好的居住环境，对内则开敞设置"天井"，排湿通风并延展生活空间。临街住宅多建骑楼、重檐，还可以直接临街开门，商业不再局限于市集之中。这种布局既安静又方便居民购物，生活气息浓郁。

对成都传统城市格局产生决定性影响的是清朝。清朝时期，偏居西南的成都受地理条件的制约，与外界交通不畅，难以接触新兴技术。同时，受战乱影响，城市建设破坏较大。为恢复经济生产，从清初就拉开帷幕并历时近一个世纪的"湖广填四川"政策使得成都城市人口增长迅速，这也使得不同地域文化与本土文化较好地融合在一起。这一时期成都城市的街道和官衙进行了全面重建，市区街坊建设整齐划一。成都的内外城遍种芙蓉，恢复了旧日的城市风貌。

清政府为巩固其在成都乃至西南地区的统治，1718年在城西修建满城，并在满城内建设了大量的官兵住宅。参照北京胡同，结合传统川西民居四合院的建筑形制，形成了具有成都地方特色的鱼脊式街道布局。到清中期，随着手工业的专业化和商品的快速流通，城市里形成了相同行业集聚的经营中心，而铺户的集中也出现了许多独具特色的街道。如：骡马市街、灯笼街和海椒市街等。据《成都通览》记载，成都有着多至147种货物交易，分属于不同的街道，都与居民日常消费相关。

清末，成都的市区范围开始向城垣外扩展，城内的大街主要作为工商业集中之地，巷道一般作为居民聚集居住的场所。城市居住空间上呈现出满汉分割。汉族居于大城，民居多为前店后屋的吊脚楼和四合院，房屋沿南北走向的街道进行联排式布局。满族居住的满城民宅则是成都最早集中成片修建的居住区，8条官街串联起了32条胡同。整体上看，成都城市的道路网布局共有三套系统，分别是：大城结合略微倾斜的古城墙趋势而形成方格网道路系统，皇城为正南北向道路系统，而满城则是鱼脊式的道路系统。成都皇城和满城虽经历了多次的兴废修葺，但其城市格局都一直都较好地保留了下来，并形成了现代成都城市的街巷格局。

2.1.5 总结

早在秦代，"成都"作为城市的名称就已出现，之后两千多年时间里城名再无更改，成都的城池建设从秦至今始终以南北向为城市空间主导发展方向，并略微偏向东北。因都江堰水利工程对成都平原的重要灌溉作用，历史上不同时代的成都地方官员均注重城市与河流关系，充分利用地形建设城市并进行功能分区。良好的水资源除了给成都这座城市带来优美的生态环境外，水利工程的航运和灌溉的功效又给城市带来经久不衰的经济效益。城市居民的居住地逐渐从城市外围向城中心的集市靠近，城市的公共空间越来越多，商业经济圈的范围也逐渐扩大，发展出成都富有浓厚生活气息的居住环境。

2.2
1895 年至今成都市的住区建设与发展

▶　受战争的影响，中华人民共和国成立前的成都各项城市建设，包括居住建筑的建设速度缓慢，几近停滞。从中华人民共和国成立至20世纪70年代末这一段时间内，成都的城市建设以向外扩张为主，但住房建设工作一直比较滞后，与全国其他城市一样都面临着住房紧张的情况。直到1978年改革开放之后，国务院批转《关于加快城市住宅建设的报告》，城市才迎来新的机遇。具体来看，近现代成都的住区建设和发展可划分为6个阶段。

2.2.1 1895~1948 年的城市文明启蒙与建设

　　成都是典型的内陆传统型城市。在早期的农业经济时代，成都的城市发展曾经达到了较高的水平。但近代以来由于地理条件的制约，偏居西南的成都因道路原因与外界联系不畅通，并且在近现代，成都一直倍受军阀混战的影响，城市建设的破坏较大，城市经济发展缓慢，普通城市居民的生活困顿，城市管理更是形同虚设。

　　从成都这座城市步入"文明"开始，到中华人民共和国成立的这段时间内，城市建设的最高成就体现在清末民国新政时期，即1895年至1937年期间。这段时间也是中国社会、政治、经济、文化发生全方位变迁的近代城市文明时间。1905年，周善培负责成都的新政改革令，新政得到了城市政府主政者、地方精英人士、普通市民等各方人士的一致认可。"社会的和谐、生产力的提高、对传统文化的尊重，以及生活在一个干净整洁、技术先进的城市环境里，受到精英人士的监督管理"，这是成都执政官员周善培对"文明"的理解，这一理解也成为近代时期成都历届执政者的城市建设与管理指南。

　　清末至民国时期的新政改革起到了教化人民、稳定社会秩序和改善城市形象的作用。通过新政改革及其管理制度之下的城市建设工作，成都拓宽了城市的原有路面，开辟了新的道路和公共区域，具有了公众性、平民性和娱乐性的城市特征。这一时期，警察局的设置使得城市管理效率大幅提升。如：街道环境卫生的基本规定中，茶社不得占道经营；也出现了最早的交通管制，要求马车、黄包车等公共交通工具出城靠右行驶。商业场中要求明码实价，并安装了电灯等新科技产品。除此之外，新明电影院、自来水公司、川省川汉铁路有限公司、成都建筑有限公司、启明电灯公司等近代商业公司相继出现。城市以东大街为轴线，南北两侧又设置了总督衙门、提督衙门、布政使司等重要的城市政府部门（图2-1）。

　　城市的新制度、新机构为成都的城市管理建立起一套新的城市秩序（图2-2）。经历新政改革后的成都在城市的管理实践中既具有传统的中国治国之术，又有行动能力较强的现代城市管理理念。这一时期的成都已表现出了高度的社会自治，城市管理者与地方精英人士的协商合作，能够保证城市以渐进的方式加以改革，并将城市混乱和破坏减少到最低，

图2-1 1909年成都市东大街街景（图片来源：成都市地方志官网）

图2-2 1909年成都市鸟瞰图（图片来源：成都市地方志官网）

市民在由地方精英组织的非官方社会中生活。新政下的城市管理并没有对社会传统秩序造成威胁，尤其是涉及城市建设方面的改革，其过程也是城市市民文化与城市政府官员的官场生态冲突、磨合以及同化的过程，潜移默化中形成了现代城市的公共秩序和城市共识。成都也出现了活跃的民间组织自治力量，如"城隍会""清明会""土地会"，这些社会的自发机构组织了丰富的活动，如庆典和仪式，使得成都城内的三个城隍庙不仅是宗教仪式的举行地，还成为市民重要的娱乐场所。

这期间政府进行了大量的城市居住环境建设工作，成都市的基础设施与城市公共空间得到从无到有的发展。满城逐渐成为城市商贸活动频繁的经济中心。1909年，满城中修建了少城公园，公园内设楼亭、荷池、戏园、大型茶社等，成为成都平民、高官和"三教九流"的聚会之处。因为基础设施的提升和公共空间的增加，满城内甚至形成了以少城公园为地标的成片的居住区，成为当时成都最理想的居住地。

1912年，成都老城墙开始拆除，并在被拆毁的城墙位置修建道路。新政期间成都政府有意识地进行城市的植树绿化，普及城市环保的知识。1919年出台了《四川省域植树节植树办法》。1922年，禁止砍伐街道树木，发布布告。继少城公园之后，成都又陆续建成了草堂寺、乐群公园、北城公园、支矶石公园、望江楼公园（图2-3）、东城公园，共计7所公园。

同时，城市中的各项产业也得到大幅度的发展。1903年，成都成立成都总商会。1909年，成都第一家大型新式商场"劝业场"（商业场）正式开业，标志着成都近代商业兴起。劝业场为西洋风格，正中拱门上是周善培手书的"劝业场"三个大字，内有百货、饮食、茶铺、客栈、玉器、烟酒等150多家行业店铺，并开创了近代化的商业服务模式和商业文化（图2-5）。1925年，军阀杨森下令修建了春熙路，道路干净整洁，两侧的中式铺房中各色百货、绸缎布匹、鞋帽、照相、娱乐、药品、饮食等鳞次栉比。由于老成都的街道都不宽，多是三四丈宽（10m左右）的胡同，杨森政府对街道进行了拓宽，并出现"街道工业"（如：同仁工厂）。同年，城市中开始出现大马路，有文献形容"东大街十七八公尺宽""街道整洁"（图2-4）。

图2-3 1911年成都市望江楼（图片来源：成都市地方志官网）

图2-4 1920年成都市东大街街景（图片来源：成都市地方志官网）

据当时的《四川官报》统计，成都有街巷516条。成都的街道多用石板、石条铺设，街巷口建有牌楼或者栅门。街道的店铺上有古风招牌，所售物品象形刻于招牌上，出现了"前店后坊"和"街市"。著名的商业街东大街，街道整齐，两侧是两三层的铺面，商品陈列绚丽，招牌是统一的黑漆金字。在夏天，街道上甚至会设置凉棚。成都还有着以街巷、桥梁和空坝为市的传统，当时的盐市口、骡马市、牛市口等街道上有着四方小贩游走和丰富的"街头"活动，这些以交易货物命名的场所在今天依然是成都最繁华的街道。

图2-5 成都市劝业场（图片来源：成都市地方志官网）

新政期间建设的公园和其他城市公共活动空间都被很好地保留下来，所形成的开敞空间与成都的街巷一起成为今天成都城市建设的支撑骨架。成都城市风貌发生的变化——干净整洁的道路、以少城公园为代表的公园体系、熙熙攘攘的繁华商业街等都极大地改善了城市居住和生活环境。总体来说，新政时期成都进行的一系列城市基础设施建设和思想风气启蒙对城市发展都产生了积极意义，通过新政的实施，成都发展成为中国西南地区的经济中心。

抗日战争时期，成都成为战争的大后方，大量机关、学校、工厂迁入，城市的空间发展不平衡被打破，城市不断地扩张，满城与大城逐渐融合成一体。这一时期，普通的居住建筑建造较少，而商贸大贾、军政要员等掌握大量的财富，在成都修建了公馆，建筑多为楼房，有的还采用了西方的建筑技术和风格，追求豪华的"洋房"。同时，公馆在传统四合院格局基础上又增加了各种绿化设施，可以称得上是"豪宅别院"，与当时普通民居差别较大。1945年内战爆发后，成都的城市建设几近停滞，但还是专门划出了疏散区，征地约100hm²用以修建避难住宅。贫民多在城市中心皇城一带集中搭建棚户区，使得这一区域沦为成都最大的贫民窟。

2.2.2 1949~1977年的住房建设缓慢发展

成都有着多年来的商贸基础，是一个消费为主的城市。据统计，1949年成都有私营工商业近3万户。与此形成对比的是，成都的城市居民大多还居住在茅草房或者小平房内，并且以城市中心的棚户区数量最多。1950年，成立了成都市地政局，负责全市的房地产工作，接管民国时期的地籍资料。同年，成都市颁布《成都市房产接管暂行条例》，开展全市性的房地产清理登记，并成立成都市房地产交易所。至此，成都的住房管理工作开始步入正轨（图2-6～图2-8）。在住房清理登记的同时，成都市开始以"国家经租"和"公私合营"的方式对城市中的旧住宅进行改造，并采用"以租养房"的模式来减轻国家对房屋维修和

图2-6 1954年成都市区总体规划图（图片来源：《成都市志·城市规划志》）

图2-7 20世纪50年代成都人民南路的四川剧场（图片来源：成都市地方志官网）

图2-8 20世纪50年代成都春熙路（图片来源：成都市地方志官网）

管理的负担。但只有少部分居民能租赁单位或者房屋管理部门的房屋，大部分居民居住在面积小、三代同居一室、厨房厕所共用的"筒子楼"中。

1964年，中央决定建设第二套完整的国防工业和重工业体系，将国防、科技、工业、交通等生产资源逐渐迁入三线地区。成都成为三线建设战略规划的重点建设城市，电子工业和机械工业在成都迅速发展。这一时期的大型职工生活区和工人新村多沿城市主干道修建，并沿主干道放射状向外围延伸，居住条件有所提高。除重要的商业街春熙路外（图2-9），在城市主干道两侧自发形成了小型商业和文化设施的集聚，如：副食店、粮店、幼儿园、居委会和邮政局等。

"文化大革命"时期，城市商贸服务发展落后，市政公用设施严重不足，城市规划管理机构一度瘫痪。1966年，成都撤销了交易所，关闭市场，停办产权移动，档案封存，进一步削弱了成都房屋权属的管理工作。直到1973年成都市房产管理局才被恢复。1975年，成都市民用建筑统一建设办公室成立，吸收各部门资金对城市旧房进行统一规划和统一建设。但是总体看来，这一时期城市的住房建设因长期被忽略而停止发展，甚至出现了倒退，人均住房的居住面积

图2-9 20世纪60年代成都春熙路（图片来源：成都市地方志官网）

逐年下降，从1952年的4.1平方米减少到1962年的3.3平方米，到1978年，人均住房面积仅为3.1平方米。

2.2.3 1978~1990年单位制住房快速发展

改革开放初期，以"解放思想、实事求是"为指导方针，全国的工作重心转移到"以社会主义现代化建设为中心"。1978年，国务院批准《关于加快城市住宅建设的报告》，中国的住房改革开始试行。城市的基本建设投资开始由财政拨款转变为银行贷款，单位投资的比例大幅增加，城市发展迅速。这一时期，单位制部门拥有城市建设的巨大权利，城市住房实行福利分房政策，单位自建住房迅速发展，有效缓解了住房的严重短缺问题。1985年，国务院颁发《城乡住宅建设技术政策》，对现有住宅改造多项政策予以明确。除单位自建住房外，单位内部的住房更新作为改善职工生活水平的重要举措也被提上日程。

这一时期，成都的企事业单位对公有住房进行分配，包括前期单位自建的部分员工宿舍。同时，由单位主导的公房改造规模普遍较小，补偿方式为房屋实物补偿，无货币补偿，尽可能地在单位内部解决职工住房问题。这一时期，单位解决住房问题主要有以下三种方式：单位建造职工宿舍并进行分配、单位将公房作为福利房出售给职工、单位组织集资建房并出售给员工。同时因单位住房管理制度带来的土地使用权和房屋所有权的复杂关系，为以后的住区更新埋下隐患。

1983年，由市政府领导的成都市干道建设指挥部成立，主要负责城市的市政建设，实施了包括蜀都大道、西干线、火车北站、九眼桥、自来水厂等在内的重要工程（图2-10～图2-12）。成都城市沿道路两侧逐步建设了与大型居住区配套的商业服务设施，除春熙路外，牛王庙、商业场等专业性质的商业街也开始逐渐形成，成为成都市重要的商业聚集地的代表。在成都的不同分区也有着各自集中的商业（图2-13）。

图2-10 1981年成都市区总体规划图（图片来源：《成都市志·城市规划志》）

图2-11 1985年成都市中心鸟瞰图（图片来源：《成都市志·城市规划志》）

图2-12 1985年成都市中心区鸟瞰图（图片来源：《成都市志·城市规划志》）

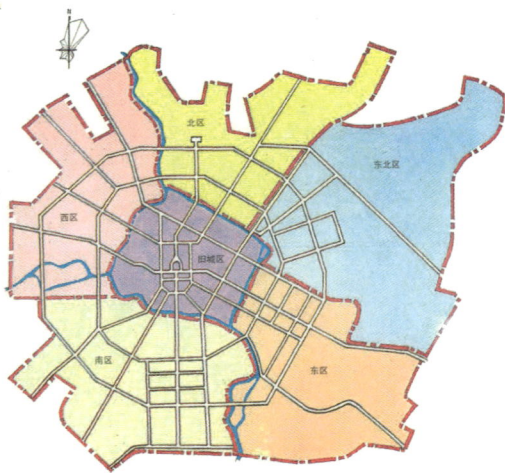

图2-13 1986年成都市分区规划范围示意图（图片来源：《成都市志·城市规划志》）

2.2.4 1991~2000 年商品房与居住小区建设

20世纪90年代，在"城市经营"的理念下，中国兴起了"新城运动"。早期，成都的民间资本还没有进入房地产开发市场，住房的开发与建设都是在政府推进旧城改造的过程中进行的。1991年《成都市住房制度改革规划和实施方案》正式公布，同年，成都完成了棕北小区居住区规划的编制。该居住区由市政府统一规划与建设，是全国第二批住宅规划试点小区。同年，《成都市住房制度改革规划和实施方案》正式公布，成都房地产市场在经历了自由市场的探索期后迅速崛起（图2-14）。截至2000年末，成都的各类房地产开发经营企

图2-14 1991年成都市中心区鸟瞰图（图片来源：《成都市志·城市规划志》）

图2-15 20世纪90年代成都市区规划干道景观（图片来源：《成都市志·城市规划志》）

业多达1000余家。但早期商品房建设质量较低，遗留了许多社会问题。如城西的"五大花园"，作为成都最早的一批商品房，至今没有解决基础设施配套不全的问题，又因建设初期该地区没有对村民进行搬迁，居住小区与农家院落混杂，成为成都最大的"城中村"。

从1992年开始，成都市干道建设指挥部成为以二级房地产开发为主导、从事多产业综合经营的经济实体，并主导了包括成都顺城街、人民南路、"天府广场"、羊市街西延线和东城根街等干道在内的整治工程（图2-15）。居民安置以产权调换和土地置换为主，除了响应政策的支持外，企业单位、相关街道、市民用建筑统一建设办公室、区民用建筑统一建设办公室等都参与了城市的改造工程。其中，顺城街改造是成都市第一个以政府为主导的旧城改造项目。顺城街作为城市重要的南北通道，人车混流、交通堵塞现象严重。因此，为缓解市中心的交通拥挤状况，城市政府对其进行了总长17千米的道路改扩建工程，并建成全长1300米，总面积4公顷的地下商业街。工程涉及成都1000余户居民，其中大多为商家，最终该项目成为这一时期成都市旧城改造的标志性项目。

自成都二环路全线建成以来，二环路及其周边区域的城市建设发展迅速。房地产开发也突破了城市建设多集中在一环之内的格局，二环路沿线的新建住宅小区越来越多（图2-16）。房地产业在成都国民经济发展中发挥了巨大作用，已然成为成都市继工业之后国民经济的重要支柱产业之一，国民经济生活中的诸多方面，如：城市公共投资、个人消费、城市基础建设发展以及城市经济发展等，都受到了房地产业的深刻影响。

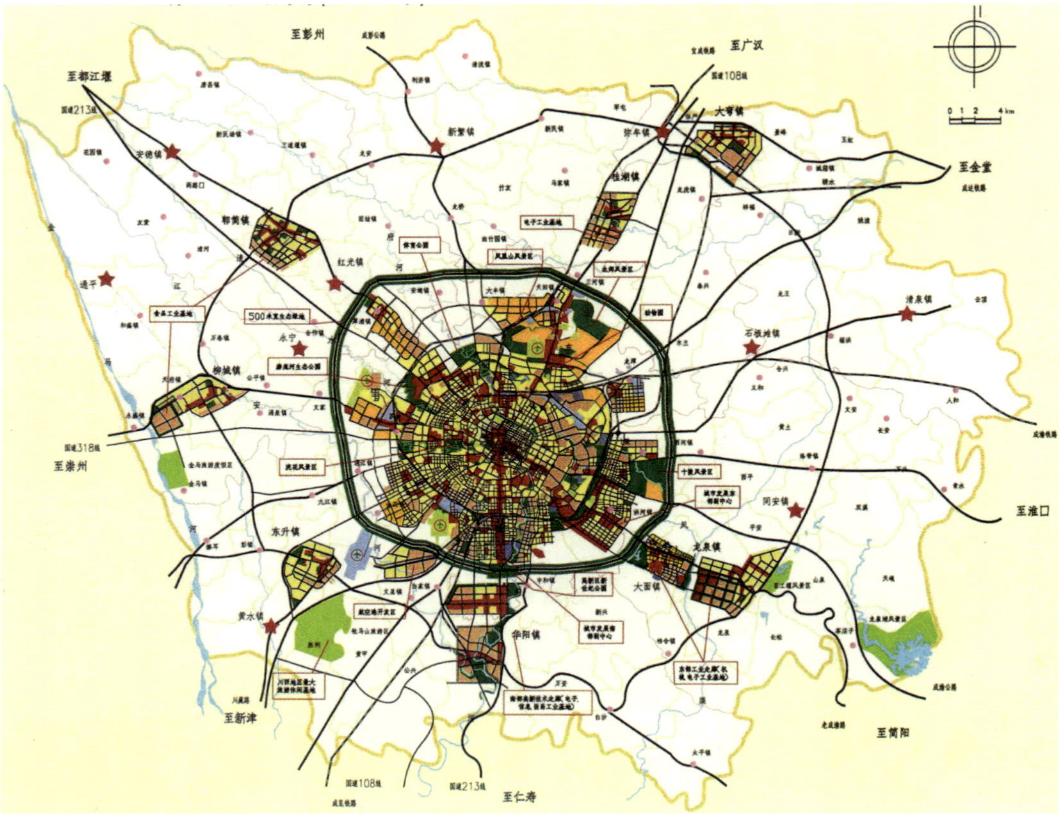

图2-16 1995年成都市区总体规划图（图片来源：《成都市志·城市规划志》）

2.2.5 2001~2009 年城市危旧房改造与住房保障

　　2001~2009年，中国的福利分房制度逐渐消失，城市的房地产业迅速发展。全国各地的城市政府通过信贷、财政、土地等政策和法律手段宏观调节和控制城市各类用地建设，这也包括城市住房的再分配。2006年5月，国务院发布《关于调整住房供应结构稳定住房价格意见的通知》，又称"9070"政策，目的是调整住房供应结构、稳定住房价格。2007年，国务院颁布实施了《经济适用住房管理办法》和《廉租住房保障办法》。2008年，国际金融危机全面爆发后，中国经济增速快速回落。政府提出进一步扩大内需，促进经济平稳快速增长的措施。公共资源配置向民生工程倾斜，如：教育、医疗卫生、社会保障、就业和保障性安居工程等。总体来说，全国住房保障措施发挥作用，完成了从福利分房体系向社会化住房保障体系的转变。

　　2002年，成都出台《成都市土地市场管理办法》，由于土地政策变化，成都的旧城改造遵从市场化运作，按照"统一规划、整体改造、多轮驱动、利益共享"的原则，开始了政府主导的大规模危旧房改造。2002年5月至2004年10月，成都危旧房改造工程中拆迁旧房面积达400多万平方米，清理了大量成都1980年以前建成的危旧房屋。2003年开始宽窄巷子及其周边街区的改造，这一城市更新工作重点考虑了历史街区在城市中心区中的发展问

图2-17 宽窄巷子改造前后对比图（图片来源：社区提供）

题，街区在历史文脉、生态上的可持续发展也带来了显著的外部经济效益，改造后的历史街区能够完全融入现代城市的社会生活（图2-17）。市民们不再满足于单纯的物质环境改善和空间美化，旧街区的复兴重点偏向街道的活力营造和文化的传承，这为之后的城市旧城改造提供了一定的参考。

2008年汶川地震后，成都有大量的危旧房屋亟须改造。2009年成都继续进行中心城区的危旧房屋改造，拆迁面积达900多万平方米。在这次城市大规模拆迁中，居民安置以货币安置为主，也有部分产权置换的方式。拆迁后，城市中心城区提供大量的土地资源以备植入新的城市功能。市区新建了公共服务设施及市政设施，同时进行商业开发，建设了居住、商业等可以盈利的商业项目。

在国家住房宏观调控的背景下，成都的住房保障设施建设开始与市内的危旧房改造同时进行。2006年开始，成都进入以区级政府为主导的改造阶段，改造许可权与审批权下放至各区，地方的积极性、主动性和创造性得到大幅提升。这一年，成都陆续出台并实施了《成都市城市公共住房制度实施方案（试行）》和《成都市人民政府关于进一步加强和完善中低收入家庭住房保障工作的意见》，对原有廉价住房和经济适用房的保障标准进行提高，申请人群的范围进一步扩大，系统性地构建起成都多层次、多形式的住房保障体系。

2.2.6 2010 年至今城市品质提升与住区多元更新

2010年至今，国家层面的城市建设政策除稳房价和控租金外，特别强调要将重点放在存量城市住房的提质增效上（图2-18）。2013年7月，国务院办公厅发布《关于加快棚户区改造工作的意见》，提出棚户区改造既是重大民生工程，也是重大发展工程。2020年7月，国务院办公厅发布《关于全面推进城镇老旧小区改造工作的指导意见》，要求2025年要基本完成2000年前建成的城镇老旧小区改造任务。

成都市对城市住房存量的提质增效主要从以下五个方面逐步推进。

2.2.6.1 老旧院落改造

从2010年开始，成都市针对城市"三无"老旧院落（无物业管理、无主管部门、无人防护的老旧居住区）进行了一系列的改造工程。2014年成都全面开展的"四改六治理"十

图2-18 2011年成都中心城区用地布局规划图（图片来源：成都市人民政府官网）

大行动，旨在改善居民生活环境，进一步推动中心城区的居住环境改造提升，其工作重点也是老旧院落的改造。同年完成了主城区范围内的219个"老旧院落示范点"的改造。成都继而还提出了"老旧院落改造"的成都模式——"162"模式与"三社联动"模式。即"1个自治组织、6大硬件改造、2项长效机制"与"社区、社会组织、社会工作专业人才联动"。截至2020年6月，成都市共改造了3455个院落，超23万户、75万居民受惠。

2.2.6.2 棚户区改造

成都被划定为棚户区的房屋，大多数建于20世纪五六十年代，多为成都各大单位的职工宿舍。房屋基础设施老化、配套落后，安全隐患等问题突出。棚户区以"拆旧建新"为主要工作内容，建成后将一改往日的脏乱景象，以现代化的商住综合体呈现。作为"第一改"的曹家巷自治改造项目于2012年正式启动，曾经的"工人村"现已变成了现代居住小区和城市大型综合体，不仅改善了区域内居住环境，还成为集商业、旅游、文化产业等多业态于一体的区域新地标。

2.2.6.3 "小街区"规划建设

2015年，《成都市"小街区规制"规划管理技术规定》编制出台，划定了9个"小街区规制"示范区。城市更新工作扩大了范围，关注老旧居住区之间的联系及其与周边环境的信息交流，并以"街区"为单位进行整体性研究。传统的旧城区存量建设涉及各方利益争夺、产权平衡等问题，而"小街区"则开启了"以人为本、自下而上、微更新"的城市规划思考。内容包括完善城市路网结构、满足步行15分钟可及的公共服务需求、提高城市空间利用率、传承城市文化基因等。

2017年，在"小街区"实践的基础上，成都中心城区划分出100个"旧城老街片区"，配合以老旧院落改造，实施小街区街巷的综合整治，并按照"海绵城市"建设标准建设生态、环保的绿色老街片区。具体工作包括：提高片区内交通承载力，适度增加片区内的开敞空间，建设高标准基础设施等。提出两年内打造200条精品开放街区和整治提升3257条背街小巷的计划，现已取得较好成绩。同时，还将开放现有国有企（事）业单位的非公共或半公共通道为市政通道，共计约360千米，按照小街区规制实施约1200千米街巷路网建设。至2020年末，中心城区路网密度提高到8.4千米/平方千米。成都的"小街区"发展既有理论论证阶段又有建设实证阶段，其中政府制定规范、土地产权顶层设计、市场主体进行空间资源优化配置以及社区积极参与介入是小街区规划建设的主要特色。

2.2.6.4 "中优"地区的住区更新

2017年4月，成都市提出了城市发展"东进、南拓、西控、北改、中优"的十字方针。其中，"中优"对住区更新工作提出降低开发强度，降低建筑尺度和降低人口密度的要求，进一步完成1584个老旧院落的改造、调减规划人口185万人、保护18片特色风貌片区并注重城市和片区的整体风貌，要求改造建筑"修旧如旧"。2020年8月的"中优"资产清单中列出了土地出让、重大产业项目、城市有机更新、低效用地再开发、投资合作、老旧楼宇再利用等502个投资项目，拟采取"政府+社会"的投资方式面向全球招商。并出台相关政策，进一步推进"中优"区域城市有机更新。

2.2.6.5 "公园城市"建设和城市社区更新

2018年2月，习近平总书记来四川视察期间，明确支持成都加快建设、全面体现新发展理念，强调要突出公园城市特点，把生态价值考虑进去，努力打造新的增长，这是"公园城市"作为一种城市发展模式第一次被正式提出。

2019年，成都市编制了《成都市美丽宜居公园城市规划》，城市以"公园城市"为理念进行建设，开启了社区建设的新篇章。多年的高速发展，成都市中心城区的土地利用已几近饱和，因此，成都市明确提出，在老旧城区建设和城市更新过程中，要推动公园形态与城市空间的融合，即存量土地的空间优化与转型利用。以公园城市高标准建设宜居住区，实现绿色空间和公共空间更加丰富、城市格局更加优化、公共服务更加均衡。在最新的《成都市美丽宜居公园城市规划建设导则（试行）》中，正式提出了"公园社区"的建设。强调生态环境、社区空间、居民、社区服务等要素的有机融合，将公园社区分为绿色社区、人文社区、美丽社区、活力社区、共享社区与生活社区六大类，并针对各自的特点予以不同的建设引导。城市社区更新工作以公园城市建设为契机，结合微绿地、社区公共服务中心等的全面建设，全城联动，积极塑造城市的优势竞争力。

2.2.7 总结

近现代以来，成都城市住区建设与国家层面的各项政策密切相关。城市住房在城市空间资源严重不足的情况下进行建设和改造，经历了规模与数量扩张到集约与质量并重的逐渐转变的过程。住区建设和更新工作可以总结为以下几个阶段：

1895~1948年城市文明启蒙与城市建设阶段，新政吸收了西方的建城思想，并尝试与成都本土的传统文化结合，创造了成都新的城市肌理，深刻影响了后来城市发展的格局。而与人们生活息息相关的住区，最能反映出近代社会经济状况和人们生活水平的发展。这一阶段住区建设和更新特点是：建设和改造规模较小，数量较少，多是以私人为主导进行的。

1949~1977年的住房建设阶段，成都城市建设的重点向工业倾斜，对城市居民的住房需求考虑不多，而"大跃进"和"文化大革命"等运动的政治因素进一步阻碍了包括住房建设在内的城市各项建设。随着大量人口涌入城市，住房困难的实际情况对社会稳定和城市秩序发展也产生了一定的影响。从改善单位住房条件出发的住区更新出现了"国家经租"

和"公私合营"的方式。这一阶段住区建设和更新特点是：建设数量大，品质较低，改造规模较小，数量较少。

改革开放后的1978~1990年，单位制住房建设发展快速，成都以建设满足居住基本需求的改善型住房为主要目的，同时单位内部针对品质较低的职工宿舍自行进行改造。大型职工生活区和工人新村多沿城市的一环路和二环路修建，出现了春熙路、牛王庙、商业场等专业性质的商业街。同时，这些干道的建设需要拆除部分老旧民居，也进一步带动了道路周围区域的旧城改造。这一阶段住区建设和更新的特点是：改造规模不大，涉及的户数较少。改造以政府强制性命令为主，计划经济特征明显。

住房的福利时代结束后，1991~2000年成都进入商品房与居住小区的建设阶段，成都房地产市场开始快速发展。政府为促进城市的产业发展，对城市河流干道及其两侧的城市区域开始了旧城的再开发，其中既有城市的环境治理也有棚户区的拆迁安置。这一阶段住区建设和更新的特点是：改造规模巨大，涉及超十万户居民，政府在改造中起主导作用，社会力量也有一定的参与。

2001~2009年的城市结构调整与住房保障阶段，成都开始对中心城区的城市结构进行优化，包括城市东区的产业腾挪、两次城市中心区的大规模拆迁和历史文化地段的更新，并开始在城市中新建大型现代居住区和城市综合体。这一阶段住区建设和更新规模大，改造面积超千万平方米。更新模式是由政府引导，市场运作，社会融资。

2010年至今，成都的城市建设进入城市品质提升与住区更新阶段，从"北改""中优""小街区建设"到现在的"公园城市建设"等，随着城市建设工作内涵的增加与工作重心的调整，城市更新转向社区微更新及城市的民生改善和品质提升，并从社区发展治理的视角强调旧城区中的公众参与。这一阶段住区建设和更新的特点是：城市"大拆大建"理念发生改变，通过社区微更新提高旧城区的生活品质，公众通过社会治理参与改造工作，政府也在实践中逐渐完善了城市更新的制度保障。

2.3
成都市的城市生活传统

▶　　成都城市文明历史悠久，几千年来几度兴衰，但始终在原址上不断再生、扩展，文化与文明未出现断裂，反映出成都作为居住地具有很强的再生能力和内在的发展动力。

2.3.1 市井与街头文化

川西平原优越的自然条件和都江堰水利工程保证成都农业的高度发达和长期繁荣，民生问题得以很好地解决，这成为成都延续几千年的城市文明与居住文明的物质基础。成都在农业经济发展基础上，孕育出老成都特有的市井和街头文化。

2.3.1.1 因商而兴的城市活力
成都从汉代逐渐发展出来定时开放的里坊制，这一城市管理体制制约了公共空间的发展，但坊间的集市、码头桥梁、寺庙会馆等仍在有限的空间和时间内兼具商贸和娱乐的公共属性。里坊制转为街巷制后，街道的商业性增强，成都城市空间中产生了大量的集市、茶馆、酒楼、理发店、澡堂、公共广场（校场）及夜市、庙会等公共设施和活动，特别是茶馆的迅速发展，分担了城市的公共活动功能。唐代中后期在坊中出现了各式各样的商肆店铺，临街设店、夜市早市也悄然兴起，还有些商贩走街串巷进入居民区进行交易。唐末，成都更是出现卖绫罗绸缎的街道，一直以来局限在市里面的交易屏障被打破。宋代彻底废弃坊市制，成都商业更是出现前所未有的繁荣，城市如同一个更为大型的市场，混合住宅、作坊、店铺的新型街道初见端倪。大街上设立各式商店，市场开始分布在城市的街道上，因此城市中形成繁华的商业街，商人、小贩开始自由地在街头售卖商品。早期成都城市的商业形态以市场为代表，呈点状商业形态，唐宋后商业街出现，线状商业形态开始发展。

民国时期成都成为重要的战后方，人口贫富差距较大。成都先后开设4000余家商号来满足80万市民的日常生活消费。随时间推移，市区形成以春熙路为中心，盐市口、顺城街、东大街等围合的矩形商业街区格局，并代替皇城成为新的城市中心。因商业的繁茂，成都的商业街区形成了全国独具特色的商业文化场景。城市商业空间的变迁显示出政府主导发展与民间自力更生的双重特征。

2.3.1.2 市井与街头娱乐风尚
自秦汉起成都就物阜民安，经过世代累计东汉末已得"天府之国"的美名，成都人善于享乐的文化心理也是源于此时，汉之后成都游乐之风日渐兴盛。隋唐时期逸乐更盛，宋后随着成都城市经济中心转向南方以及战乱的影响，游乐之风呈现衰落之势。直至明代中期城市稳定，成都的游乐之风恢复并迅速蔓延，城郊游乐成为城市居民最喜爱的娱乐活动之一。

清代初年因大量移民进入成都，各地文化交融形成一个崭新的成都。成都传统娱乐活动内容丰富、分类众多，游乐时间多集中于春秋季，以传统教化为核心，并与节庆密切结合。这与当时社会的农耕文明发达密切相关。成都城内每月都有庙会市场，兼具游宴与商贸功能。同时，市场的交易内容每月会制定不同主题，如：灯市、花市、蚕市、锦市等，这一习俗被称之为"月市"。

除节庆外，居民的日常休闲生活主要在戏院和茶馆度过。成都人普遍喜欢消遣活动，各阶层按自己的收入水平选择不同的娱乐消费方式。街头也是大量底层民众消遣娱乐的重要空间，成都街头经常作为地方戏剧表演的舞台，以低廉的价格吸引大量的城市居民，街头娱乐是一种传统、自发、受欢迎的公众娱乐形式。

2.3.2 现代成都的慢生活与高效率

一个城市的居住文化和精神特质形成于漫长的历史积淀，同时在现代城市发展演变过程中，又不断地吸收新的文化，发展出新的特质。虽然随着城市现代化的发展，老成都的生活痕迹越来越淡，但"成都味"的生活情调与生活节奏早已融入成都民众的血脉之中。在新的时代语境下，成都承上启下，居住文化不断生长，在城市之林中散发着独特的魅力。

2.3.2.1 闲适安逸的生活态度

成都被称为"天府之国"，山川重阻、修竹茂林为其地理特征，它为成都城市的形成发展提供了重要的地缘保障，同时"都江堰"水利工程开创的成都平原的农耕文明盛景，形成了成都"水旱从人，不知饥馑"的优越生活方式。稳定的城市社会结构和空间结构使成都具备了追求闲适生活的前提条件。

成都人的喜爱游玩，已有多年传统。晋人常璩《华阳国志》中早就称成都为"富贵游乐之都"。《隋书·地理志》中描述，成都人"多溺于逸乐……贫家不务储蓄，富家专于趋利，其处家室，则女勤作业，而士多自闲，聚会宴饮，尤足意钱之戏。"蜀地游乐可谓活色生香，并与自然景观、人文节庆、饮食戏曲、商业贸易等领域紧密融合。作为成都通俗诗歌体裁的竹枝词更是生动展现了民间广泛参与的游赏之乐。物质和文化的极盛，使成都的游赏习俗得到历任地方官的推波助澜，而官方的推崇，又成为游赏民俗进一步兴盛的导向。

现代散文大师朱自清也对成都的"闲"曾有过笔触细腻的描述："成都的春天常有毛毛雨，而成都花多，爱花的人家也多，毛毛雨的春天倒正是养花天气，那时节真是'天街小雨润如酥'了；路相当好，有点泥滑滑，缓缓地走着，呼吸着新鲜而润泽的空气，叫人闲到心里，骨头里。"描述的正是成都深入街巷无所不在的闲情逸致。

到现代，成都市民仍具有其独特的休闲行为特征。好玩棋牌，打麻将是成都老中青都喜爱的休闲活动；好泡茶馆，平常时候茶馆里就座无虚席，风和日丽的日子更是会举家出动喝茶晒太阳。好泡茶馆的偏好同时催生了另一种茶馆文化——散打评书。成都全市范围内的"农家乐"给城市郊区带来了良好的经济效益，促进了城乡的发展。

随着城市发展的现代化转型，消费型城市成为成都的发展目标之一，闲适安逸的生活方式与态度，是成都城市发展转型的良好基础。

2.3.2.2 优雅时尚的生活品位

成都的优雅不仅有精英性的优雅，也有平民化的优雅，这种优雅具有旺盛的生命力和感染力，同时也有着天府文化中多元包容、平等共享等精神特质，长久以来已融入城市市民生活方式中。诗画雅致的文人情怀与好休闲游乐、求安逸舒适的世俗风貌并存。

"时尚"是现代社会中具有符号意义的文化现象。成都的时尚基因由来已久，并具有开放性、生活化及创新性的特点。唐代的蜀笺、蜀锦都是盛行的时尚风物，著名的薛涛笺也是其中的代表。成都既善于创造时尚，也能包容、接纳时尚。五代前蜀时期花蕊夫人《宫词》中就记载了宫廷服饰受到外来文化的影响。服饰、音乐等来自西域文明的民俗特征在蜀地转化为全新的文化风尚。

成都与当代社会生活紧密契合、积极互动，在优雅时尚的生活态度中蕴涵着成都人历史积淀的审美趣味及生活哲学。成都的"优雅"并非仅仅是少数精英文人的"艺术"，而是存在于大众衣食住行中真诚自然的精神性体验，彰显着成都人的细致品味、漫享人生的优雅生存方式。当前成都新兴的文化空间层出不穷，最具代表性的宽窄巷子集合了观览、创意餐饮、阅读、文创产品等多种业态。宽窄巷子"慢生活"的优雅，井巷子"快节奏"的时尚，使它们成为既有"新、奇、趣"的文化观感，又不乏心灵滋养的城市文化地标。成都最新推出的"锦江夜游"文化旅游项目，在璀璨的灯光秀中感受成都"二十四伎乐"，再现成都"船行水上，人在画中"的诗情画意。还有东郊记忆音乐峰会、都江堰双遗+生态马拉松赛事、蓬皮杜国际艺术展等新的消费体验跨越了历史和时尚的边界，从广度和深度上拓展了成都的审美，并在更广阔的舞台上展露出优雅时尚、蜀风雅韵的城市文化形象。

2.3.2.3 高效务实的工作态度

"休闲"的成都并未耽溺于"悠闲自得""游手好闲"而"不思进取""安于现状"，成都人在享受生活的同时也在创造着高水平的文化与价值。成都的节奏，是一种懂得生活与工作之间有效转换的节奏。尤其进入21世纪以来，成都市的城市、经济、社会呈现出快速发展，成都人有了对时间的控制和对消费的增长，商贸、金融、服务外包、信息业的快速发展，使成都逐渐成为一个有着自己节奏的高效城市。

2020年成都市地区生产总值1.77万亿元、增长4%，全社会固定资产投资增长9.9%，社会消费品零售总额0.8万亿元，城乡居民人均可支配收入分别增长5.9%、8.5%。成都随着新时代中国经济发展"第四极"的崛起，站在了国家机遇的时代风口，携手重庆被赋予"两中心两地"的战略定位，即"具有全国影响力的重要经济中心、科技创新中心、改革开放新高地、高品质生活宜居地"。成都将以其独特的城市文化魅力与高效务实的工作态度承担新时代赋予的历史使命。

3

第3章 成都市城市社区的
发展与治理

3.1
成都市城市社区发展与治理沿革

3.1.1 社会主义三大改造及街居制的建立

▶　　中华人民共和国成立伊始，百废待兴，政府的主要工作是建立健全各项管理制度，并加快完成社会主义三大改造。房地产机构的主要职能是实施全市房地产管理，完成房地产方面的民主革命任务，建立健全各项管理制度，实行市、区两级管理体制。

　　1950年1月23日成都市军管会颁布《成都市房产接管暂行条例》，接管所在单位在民国时期使用的全部公产。除军管单位就地接管外，分布市区内的其他公有房产，由市军管会房产接管委员会和市人民政府地政局通过调查核实进行接管后，统筹调剂分配给入城部队、机关、团体使用和出租给市民。4月，成都市人民政府地政局成立，开始处理民国时期的地籍资料，清理房地产权属关系，加强土地管理，发展城市建设。成都市成立房地产总登记委员会，各区成立分会。9月24日颁布《成都市房地产登记暂行办法》，重新进行房地产总登记，统一颁发《土地房屋所有权证明书》，实施凭证营业。10月颁布《成都市房地产移转登记暂行办法》《成都市房产土地勘丈暂行办法》，重新勘丈绘制地籍图，办理房地产移转登记。根据国家对城市私有出租房屋进行社会主义改造的基本方针、政策，对市区内的私有出租房屋进行社会主义改造，即通过类似赎买的办法，采用国家"经租"的形式和"以租定租"的办法，把改造界限以内的私有出租房屋，纳入国家房管部门统一经营管理。国家在一定时期内，按月付给房主固定租息，逐步转变其私人所有制。

　　1951年成都出现第一个自愿联合起来的刺绣合作社，自筹资金利用各自的小作坊或挤出自己的作坊以及租用生产场地，逐步扩大，城市手工业的集体所有制房产从此诞生。1956年，成都的社会主义三大改造基本完成。1968年，12月5日成都市革命委员会发布《通告》："城市土地属国家所有"。由此，奠定了城市社区空间与土地资源的国有属性。至此，政府通过对土地资源和物业资产的逐步国有化，实现了对土地、空间、资产的管控。

中华人民共和国成立之初，街居制对城市社会秩序与空间秩序重建发挥了重要作用。根据1954年颁布的《城市街道办事处组织条例》和《城市居民委员会组织条例》，成都市开始推进城市地区治理体系，这种体制由街道办事处、居民委员会管理无单位城市居民及社会生活，简称为"街居制"。该时期单位制与街居制并行，使城市中的全部社会成员均处于政府的组织控制之下。这种组织形式具有二元特征，既有街道办运行的自上而下的政府科层权力，同时又具有自下而上的群众参与和社会动员特征。通过房地产登记与街居制的共同推进，实现新政府对街道—社区的基层空间与人员的管理。

3.1.2 城市社会转型的挑战和社区服务

由于经历"大跃进"、三年自然灾害和"文化大革命"，我国基层治理的组织形式和运作方式遭到较大的破坏和异化。我国社会经济体制改革和城市转型相互交织，产生前所未见的、大规模的社会问题。上山下乡的知识青年返城和20世纪60年代中期的婴儿潮构成了20世纪70年代末到20世纪80年代开始出现的就业压力。相当一部分返城人员成为基层社会的依附力量，为街居组织发展提供重要的驱动力，街道和居委会开始积极开展生产、生活服务事业以安置就业，街道经济显著发展。

从20世纪80年代初开始，民政部提出"社会福利社会办"的口号，开启全国层面的社区建设工程。1984年，中共中央颁布《关于经济体制改革的决定》后，城市经济体制的改革全面展开，传统社会主义时期的社会管理和社会福利功能也就系统地转移到社会之中，地域性的政权组织部门成为相关的住房制度、就业制度和社会保障制度改革及其政策实施的责任攸关方。国有企业改革导致城市社会的"去单位化"，原来有单位承担的社会事务逐渐转移到社会，使人民的生活与社会的关系愈加密切。一切由单位负责的计划管理体制正在弱化，基层社区（街道办事处、居民委员会）的作用在加强，城市社会生活及组织正在社区化并初见端倪。1986年，全国城市社区服务工作座谈会在武汉召开，民政部倡导在城市开展以民政对象为服务主体的社区服务。社区一词被首次官方提出。在1989年通过的《中华人民共和国城市居民委员会组织法》中，首次提到"居民委员会应当开展便民利民的社区服务活动"。社区在维护社会稳定和服务社会生活的角色变得愈加重要。

1978年以后，成都市城市快速发展，城市治理也进入一个新的发展阶段。从20世纪80年代初到20世纪90年代末，这个阶段成都市的社会治理工作同样主要集中在基层组织体制的建设和社会服务工作的开展上。1982年6月28日根据四川省委关于"成都的城市建设要从干道建设开始，带动其他建设"的指示精神，成都市计划委员会和建设委员会联合出台《成都市1982~1990年城市建设规划意见》，提出以干道建设为重点，带动其他建设，加快旧城改造进度的方针。在这个时期，成都市社区治理主要在我国基层治理工作的推进下同步进行，其中也涉及干道建设过程中旧城改造带来的社会问题的解决。

依靠行政力量推动，基于街道辖区建设社区体制路径，成都市在1991年结合实际修订《关于在我市城镇开展社区服务工作的意见》和《成都市社区服务三年发展规划》，开始广泛开展社区服务工作。1992年，市民政局代市委、市政府起草《关于加强街道工作的决定》和《关于加强城市居民委员会建设的决定》，并筹办中华人民共和国成立以来成都市第一次城市街道工作会议。1997年，颁布《关于建立城市最低生活保障制度的通知》，将社区服务步入规范化轨道。同年市政府出台《关于加强城市管理工作的决定》，实行市、区两级政府分工负责和市、区、街道三级管理的城市管理体制。自此，成都市从城市管理和社区服务上都形成较为明确的制度框架。

3.1.3 社区建设的快速发展

随着改革开放的不断深入，特别是社会主义市场经济体制的初步确立，包括街道办事处、居民委员会在内的城市基层社会结构面临改革和调整的任务，社区的地位和作用显得尤为重要，进一步完善社区职能，进行社区建设的需求愈加迫切。1998年，国务院赋予民政部"推进社区建设"的职能。1999年，民政部制定《关于建立"全国社区建设试验区"的实施意见》，正式启动全国社区建设试验区工程，社区建设进入快速发展期。2001年11月19日，中共中央办公厅和国务院办公厅转发国家民政部《关于在全国推进城市社区建设的意见》（中办发〔2000〕23号文件，以下简称"23号文件"），对社区建设的指导思想、基本原则、主要目标方法任务等做出政策指导意见，强调"努力形成党委和政府领导，民政部门牵头、有关部门配合、社区居委会主办、社会力量支持、群众广泛参与的推进社区建设的整体合力"。"23号文件"标志着我国的社区建设步入新的发展时期。随着这个文件的落实，社区建设运动在全国范围内如火如荼地开展起来。

2002年成都市社区建设也进入快速发展阶段。成都市建设完成符合标准的社区居委会、社区服务站和社区警务室，完成了社区的基础建设。2004年成都市全面推进城市社区建设，建立健全社区建设领导机构，每个社区建立党支部、社区居民代表大会、社区居委会、社区协商议事委员会。社区基层党组织实行"公推直选"与社区居委会主任"一肩挑"，实现党组织在城市基层的全面覆盖。2005年2月，成都市出台《中共成都市委成都市人民政府关于统筹城乡经济社会发展推进城乡一体化的意见》（成委发〔2004〕7号），加强对城镇社区建设工作的扶持、指导；同年6月、10月，市民政局先后在锦江区和成华区召集各级相关领导及人员，召开社区管理体制改革研讨会，指导锦江区、成华区、青羊区结合本地实际，开展社区管理体制改革试点工作。2006年成都市民政局按照"居民自治、管理有序、服务完善、治安良好、环境优美、文明祥和"的要求出台《和谐社区和谐村标准（试行）》，以社区管理体制改革为突破口，指导有条件的社区实施居委会直选，完善社区居民代表大会、社区协商议事委员会，强化区事务的民主管理和民主监督，并构建市、区、街（镇）三级服务平台和社区服务终端，建立社区信息化服务体系，运用现代信息技术手段，整合政府公共服务资源、社区内服务资源和社会服务资源。这些政策措施使社区建设的目标更加明确，结构体系更加完善，组织更加科学。2007年，成都市制发《关于统筹推进中心城区郊区新型社区建设的实施意见》。2008年，成都市规划局编制完成社区用房布局专项规划，为社区服务提供空间保障。

这个阶段的社区治理以构建社区管理体制为基础，同时重视整合公共服务和社会资源，为社区发展与治理进入到社区自治阶段，并逐步过渡到党建引领的社区共治阶段打好制度和社会基础。

3.1.4 社区发展治理的体制突破

2010年，成都市委、市政府下发《关于印发完善城市社区居民自治机制试点方案的通知》，在五城区及高新区进行完善城市社区居民自治机制的试点工作，理顺区级部门、街道和社区的职责关系，强化社区党组织领导核心地位，提高社区居民自治能力，形成政府管理与社区居民自治良性互动的社区管理机制。

2011年，成都市中心城区全面建立城市居民自治机制。成都市民政局下发《社区社会组织备案管理暂行办法》，鼓励城乡社区社会组织直接服务基层群众、直接参与社会管理。成都市委下发《关于加快培育发展社会组织的实施方案》，以社会组织生存发展为着眼点，改革社会组织的扶持方式，推出具有实际操作性的培育扶持新路径。市政府出台《关于建立政府购买社会组织服务制度的意见》《政府向社会组织购买服务实施办法（试行）》《政府向社会组织购买服务项目指南》，建立政府向社会组织购买服务的制度和机制。成都市民政局建立成都社会组织信息服务网，搭建政府部门、社会组织、专家学者和城乡居民信息交流、合作、查询综合服务平台。从制度和机制层面为居民自治提供社会支持。

2012年4月，成都市民政局与市财政局联合颁布《成都市城市社区公共服务和社会管理专项资金管理办法》，在全国首创城市社区公共服务和社会管理专项资金制度，对每个社区按照每百户不低于3000元的资金标准，给予社区居民自治的项目实施资金保障，增强居民民主参与意识。同年5月，市民政局出台《关于加强社区居民院落自治的指导意见》，在全国首创院落居民自治制度，将社区居民自治组织在社区与院落两个层面进行构建，把城市社区居民自治落实到居民有共同生活、共同利益联结、共同关注点的区域，进一步提高居民参与社区自治的热情。10月，市民政局与市委组织部联合印发《成都市城市社区居民议事会组织规则（试行）》，规范社区党组织、居委会、议事会的组建和职责，进一步完善成都市城乡社区治理机制。

2013年，成都市推行"三社互动机制"，以社区为平台、社会组织为载体、社会工作专业人才为支撑，促进社会协同和公众参与，凝聚社会建设合力，加快社会组织培育发展、承接政府公共服务职能，发挥社会工作柔性化管理、人性化服务、社会化运作的专业优势，增强基层社会管理综合效应，并在社区和院落两个层面建立自治组织体系。

2015年，成都市按照"先自治，后治理"的原则，出台《成都市民政局关于加强老旧院落自治组织建设工作的通知》《成都市民政局关于进一步提高院落居民自治水平的通知》，以"还权、赋能、归位"为核心推进城市社区居民自治机制建设，规范院落居民自治，加强院落居民民主协商。同年，成都市正式发布《成都市社区用房建设规范》DB510100/T 150—2015地方标准，该标准是全国首个适用于城市（镇）办公服务活动及辅助用房建设的地方标准，为社区建设进一步体系化、专门化提供空间保障。

2016年，成都市民政局实施"城乡社区可持续营造总体行动"，印发《成都市民政局关于开展城乡社区可持续总体营造行动的通知》《2016年城乡社区可持续总体营造行动工作方案的通知》《成都市城乡社区可持续总体营造行动管理办法》《成都市城乡社区可持续总体营造行动资金使用管理细则》等系列文件和管理办法，从社区营造角度重点探索在公共服务领域推广政府和社会资本合作（PPP）以提升社区服务能力的问题，积极探索"社区＋慈善"有效机制，搭建和推广社区慈善平台，引导和鼓励设立社区基金，目前已探索出五种动员社会资源建立社区基金的形式。同年，市民政局会同成都市财政局出台《关于政府购买社会工作服务的实施意见》《关于推进社工介入社会救助的实施意见》《成都市社会工作服务项目资金管理使用办法》，完善社工项目执行手册，建立健全相关制度，推动社工实务发展；同时加大购买社会工作服务力度，印发《成都市城市社区公共服务和社会管理一般性转移支付资金管理办法》及其配套文件，使社区治理从资金、技术、平台、机制等各方面得到充分支撑，基层社会蓬勃发展。

2017年9月2日，成都市城乡社区发展治理大会召开，中共成都市委社治委正式设立并发挥牵头作用，进一步形成全市上下联动、统筹推进、多元参与的社区发展治理格局服务城乡居民、服务行业发展的作用，形成与全市城乡社区发展治理和城市建设需要相适应的社会组织发展格局，成都市对社区治理工作的重视提高到前所未有的高度，成都市的城市发展重心延伸到社区发展治理工作。同年，成都市颁布《关于深入推进城乡社区发展治理建设高品质和谐宜居生活社区的意见》（即"城乡社区发展治理30条"），这是成都市提出的第一个涉及社区更新的综合性指导文件。该文件从社区品质提升、社区活力建设、社区环境优化、社区文化建设、和谐社区营造以及社区发展治理能力提升等8个方面出发提出相关实施意见，强调四川省明确的"政府主导，以居民需求为导向，创新发展"的工作原则。同年，《成都市社区发展治理"五大行动"三年计划》在上述文件的引导下，除了关注不同类型空间的优化，还包括组织架构体系的建立以及政策保障体系建立等相关内容。自此，成都市社区的发展与治理迈入一个全新的阶段，并发展出具有成都特色的社区发展与治理的模式。

3.2
成都市城市社区发展与治理的工作逻辑

3.2.1 国家、省、市、区四级政策体系

▶ 根据成都市城市社区更新的实施逻辑，国家、省、市、区层面的政策体系是社区更新政策体系建构及实施的重要依据，总体来看，国家、省、市、区层面的政策都具有各自的特性，如图3-1所示，以成都市成华区为例，国家层面的政策具有较高的视野，对其他政策的制定具有引导把控的作用；四川省层面已经凸显自身的特色，突出精细化的更新模式。

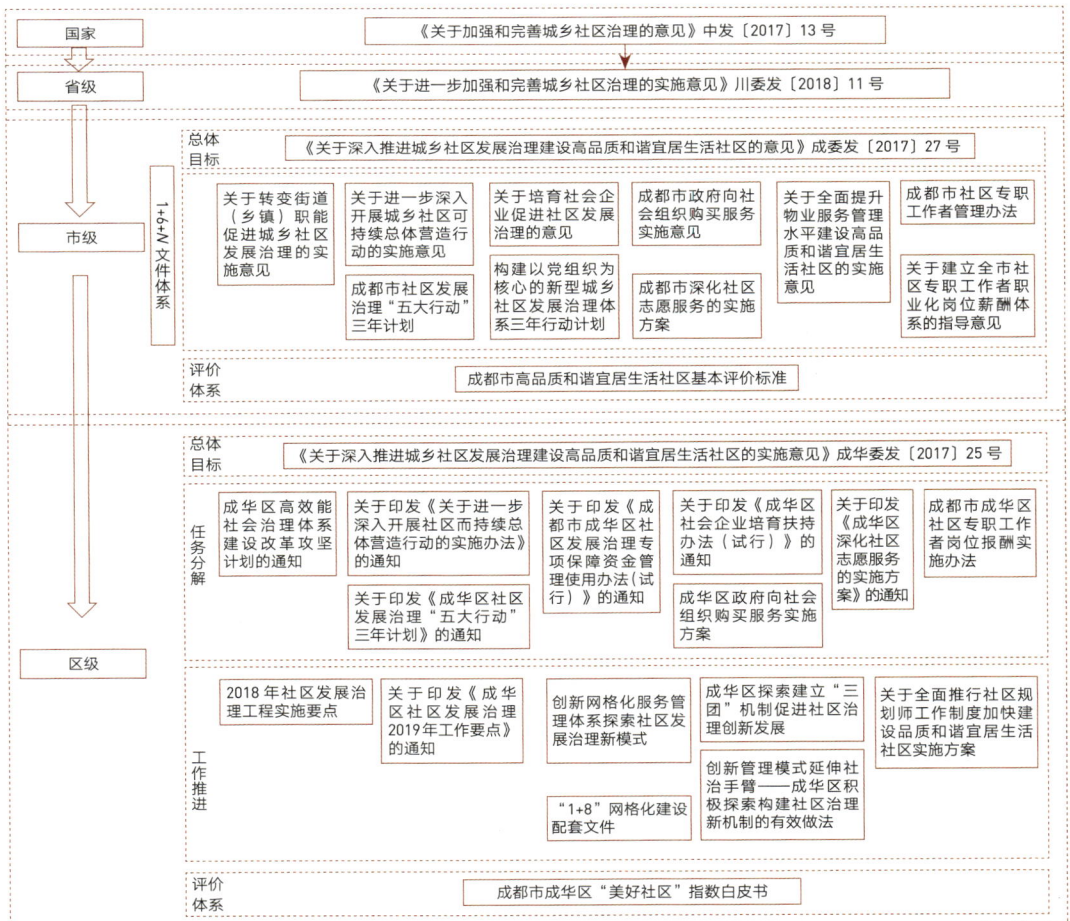

图3-1 国家、省、市、区四级政策体系

四川省继2006年国家层面提出加强与改进社区服务的相关意见之后开始关注社区更新发展的相关事务。从发展前期开始，四川省紧跟国家层面指导的步伐，相继颁布社区服务与棚户区更新改造等方面的相关政策，如四川省2007年发布的《关于加强和改进社区服务工作的意见》，在国家层面的引导下，提出"以优化社区功能作为实现居民基本需求的根本手段"。更明确地强调因地制宜"发展适合本地实际的社区服务项目"，对具体服务项目的优化进行更明确的规划；在治理模式上也明确工作组织架构、具体承担工作与支撑机制；2017年颁布的《四川省城乡社区服务体系建设"十三五"规划》在上述基础上更加综合地从制度、方法、目标等多方面进行提升与创新，强调政策实施的"精细化、专业化、标准化"，来实现社区服务"均等化、便捷化、常态化"的规划目标。

根据2013年发布的《国务院关于加快棚户区改造工作的意见》，四川省结合自身的发展实际，提出《四川省人民政府关于加快推进危旧房棚户区改造工作的实施意见》。政策明确了四川省城市规划区内要面临改造的类型，包括城市棚户区与城中村、老旧住区与古街古建筑综合整治、行业棚户区三类；在国家政策指引的基础上，四川省继续提出以优化规划布局、完善市政公用设施和公共服务设施配套建设为主要实施手段推进棚户区改造。

2013年，四川省在《中共四川省委、四川省人民政府关于加强城乡社区建设和创新管理服务的意见》中，提出"优化布局""强化组织"与"社区服务"等重要内容；2018年，在中央颁布的《关于加强和完善城乡社区治理的意见》指导下，又提出《关于进一步加强和完善城乡社区治理的实施意见》。上述文件对四川省早期的政策实施组织架构进行补充，将关注重点放在"群众自治"与"创新社区治理模式"之上。随着相关政策的实施，四川省在"群众自治"方面则有了较为成熟的、有针对性的工作机制与办法；而在社区治理层面，四川省也将培育社区组织、吸引社会力量等工作办法正式提上规范性的引导文件当中，为成都市发展出独具特色的社区更新模式打好了政策基础。

如图3-2所示，相比国家层面的引导，四川省层面提出的相关政策更加精细，以适应地方的发展需求。而成都市则在上述的省一级政策基础上同时兼顾政策、社区发展的整体性，也突出空间优化的精细化，起到承上启下的作用。城市社区更新的政策从实现"省一市"两级的贯彻和延续，并在区级得到实施和创新。区级的社区发展治理政策是基于当下的发展背景，对国家、省、市的相关文件提炼创新并具体化后所形成，区级政府与区委社治委很大程度上会受到上级相关政策的直接影响。在成都市相关政策的引导下，区级政府与社治委结合自身现有整治成效及遗留问题，对整体政策目标、实施体系、组织架构以及保障措施进行相应的调整，从而形成当下的社区更新政策体系并在实施过程中结合当地特色实现创新。

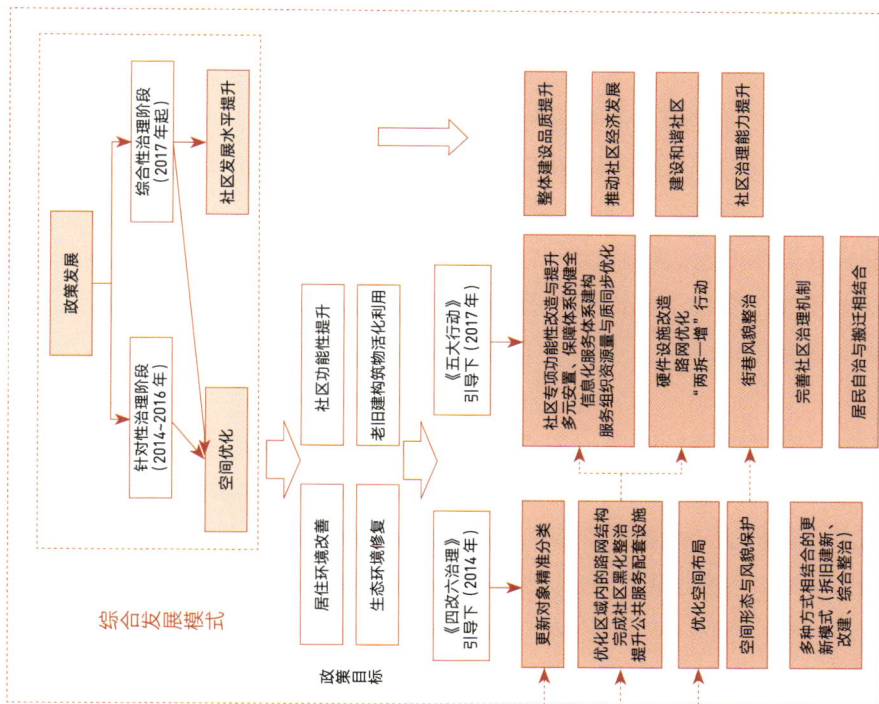
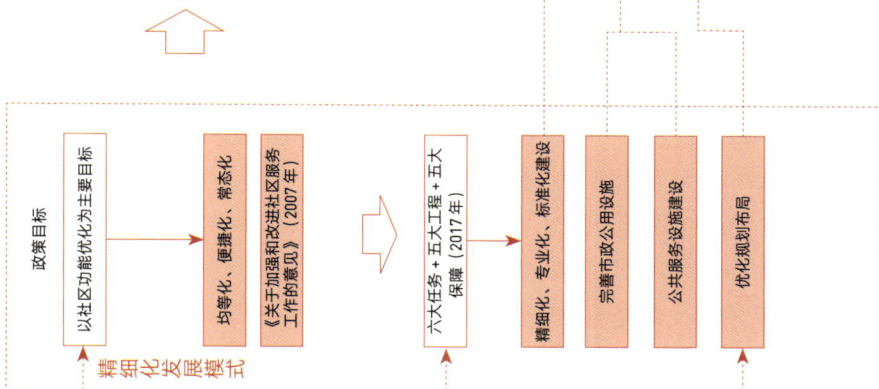
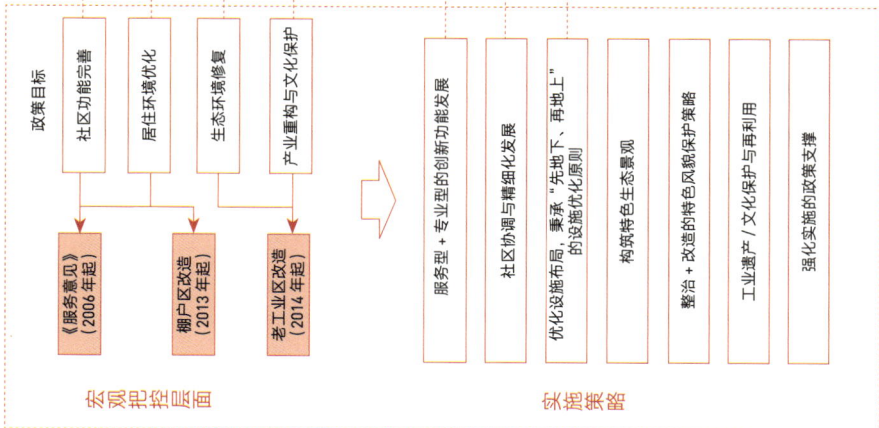

图3-2 国家、省、市层面的政策关键内容

3.2.2 成都市城市社区发展与治理的特点

3.2.2.1 建立自上而下的社区治理体系与工作机制

在市级社治委之下，各区委也建立了区级社治委，这样的社会治理体系与工作机制，强化了组织保障，确保中央、省市重大部署在各个区落地生根。自上而下的社区治理模式与工作机制在成都市基层社区公众参与机能尚不成熟的前提下，有效推动城市基层社会结构的体系化发展，使得成都市社区的服务性与参与性均得到前所未有的发展，人民的生活品质得到明显提升。

3.2.2.2 通过微观社区重点工程推进成都市城市发展

通过社区各项更新重点工程的实施，成都市以点带面的项目更新模式推进社区更新进程，并根据各区特征，建立区域品牌，将成都市建设美丽宜居公园城市的宏观决策落地为中观和微观举措，不断强化提升超大城市中心城区的城市更新和社会治理体系及能力。

专栏3-1

万晟社区形成于20世纪80年代，是一个以老旧居民院落为主的居住型城市社区。其核心生活区域为万年场横街及周边院落，居民日常生活、交易、往来多聚集于此。随着时代变迁，街区逐步衰败，种种弊端日趋呈现：环境破旧不堪、街头绿化缺乏、公共配套不足、停车问题突出、店铺招牌随意设立、安全隐患明显……

从2019年4月起，社区两委、社区规划师、众创组通过走访调研、座谈会、坝坝会、调查问卷等方式广泛征求驻区单位、居民的意见，共收集意见364条，梳理出16类意见纳入规划。经过对所有意见的整合和分析后，规划师和众创组充分利用和挖掘万晟社区原有地域文化特色——"幸福万年长""川棉奉献"等文化，提出"一街连今昔"的规划思路：以万年场横街及小龙桥新街为纽带核心，前系万年场横街及其境内多个小院，后连党群服务中心，记录历史，见证变迁。按照时间轴为主线，对万年场横街和小龙桥新街进行总体重点点位规划，共梳理出：1街2中心11点位，即"1+2+11"重点更新项目（如专栏3-1图1）。"1街"是指万年场横街文化街区，"2中心"指党群服务中心综合体与川棉综合体（专栏3-1图2），"11点位"指社区内部进行重点更新改造的11个点位，这些节点分散于社区新、旧片区内部，可以容纳文化、广场、商业、公益等功能。

经过改造后，万晟社区街边的墙绘、雕塑、小品再现了记忆中的一幕。

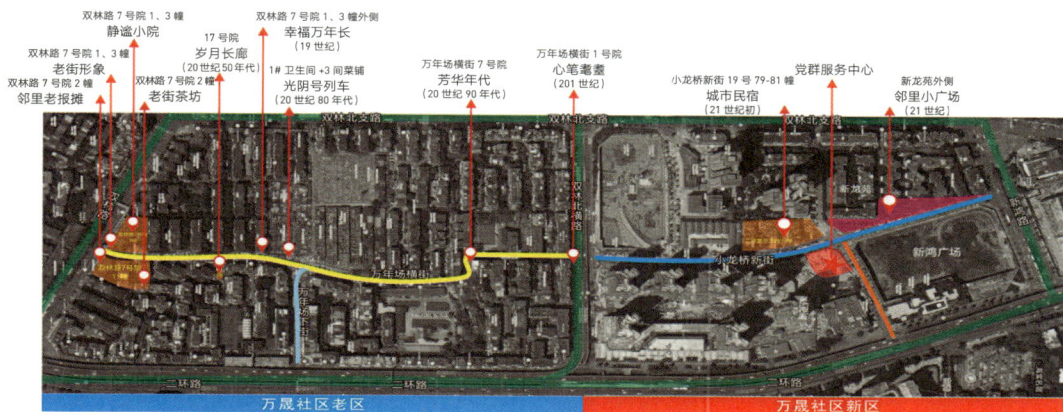

双林路7号院1、3幢
静谧小院

双林路7号院1、3幢
老街形象

双林路7号院2幢
邻里老报摊

17号院
岁月长廊
(20世纪50年代)

双林路7号院2幢
老街茶坊

双林路7号院1、3幢外侧
幸福万年长
(19世纪)

1#卫生间+3间菜铺
光阴号列车
(20世纪80年代)

万年场横街7号院
芳华年代
(20世纪90年代)

万年场横街1号院
心笔老壹
(201世纪)

小龙桥新街19号79-81幢
城市民宿
(21世纪初)

党群服务中心

新龙苑外侧
邻里小广场
(21世纪)

专栏3-1图1 万晟社区"1+2+11"重点更新项目

专栏3-1图2 万晟社区党群服务中心

3.2.2.3 建立系统全面的制度体系保证政策实施

基于成都市的工作机制特征，系统全面的制度体系与政策工具体系是自上而下推行社区治理的基本保证和工作依据。成都市对各个区现有的工程实施要点、社区发展治理"1+6+N"文件体系、政务服务改革工作方案等政策文件进行衔接，并注重政策的实施性，层级推进，形成系统全面的制度体系，以提供保障社区更新的政策工具。

3.2.2.4 基层组织在社区治理工作中的创新力

在自上而下的一系列机制和政策保障下，成都市基层社区发展治理工作中呈现出的居民参与积极性和基层社会活力是成都极具创新性和代表性的社区发展治理特征。具体体现在区级政府及社治委创新制定符合各区特色的措施与路径，并在实施中积极推行；同时社区居民与社会组织在相关组织的引导下，激发出极大的参与热情和创新能力，积极参与创新治理内容及合作模式，是社区发展治理的中坚力量。

专栏3-2

据华西社区报等多家媒体报道，2020年12月20日，由双流区委社治委主办，华西社区传媒、双流区融媒体中心共同承办的——寻找"社区BBKing"2020年度总决赛在东升街道广都社区完美收官。这场历时5个月，由9个镇街轮流"做东"，36位基层干部积极参与的社治人才PK赛，展示了双流社治干部的风采、社治沙龙的出彩以及社治活动的多彩，受到社会各界广泛关注与点赞。

通过现场路演、实地探访、即兴演讲等方式，比思路赛理念、比工作赛成效、比特色赛创新，9个分赛场的最佳主讲人分成3个战队，在来自社会组织、高等院校的社治专家的辅导下登上了决赛舞台，代表各自社区讲述自己的社治故事。经过现场评委的打分评比，选拔出的3位总决赛优胜选手并对"社区干部如何把说与做完美结合"这一问题进行即兴"抢麦"回答。最后，来自9个镇街的27位大众评审，投票选出了他们心目中的双流区2020年度"社区BBKing"。

双流区社治委的领导表示，"社区BBKing"是社治人才培养的新模式，是锻炼社治干部的赛场，是链接社治专业人才的桥梁，是交流社治经验的平台，是展示社治成效的窗口。通过这个活动，能够让双流各镇街、社区的社治工作亮点、创新做法以及引领创新的社治人才走到大众面前。双流区将用3年时间，实现118个社区PK赛全覆盖，真正把"社区BBking"打造成为培养"真懂社区治理、善做社区服务、会讲社区故事"专业化人才队伍的有效载体。

3.3
成都市城市更新与社区发展治理中的政策机制

► 作为贯彻执行政策的基本途径，政策工具选择和设计直接影响到政策执行效力和政策目标的实现程度。成都市城市社区相关政策是对上层级政策的高度提炼以及对下层级政策提出的直接引导。相比国家层面的宏观把控与四川省层面的精细化发展，成都市通过相关政策的制定，更加注重实现政策、社区、空间的综合性发展及实现对目标实施的把控，并根据成都市公园城市建设和诸多特定背景，发展出特定的针对性政策工具。

3.3.1 政策工具发展的阶段性与针对性

从2014年开始，成都市先后提出涉及棚户区、老旧院落、社区服务、社区微更新专项行动等政策工具文件，如表3-1所示。

成都市社区更新两个阶段的政策文件 表 3-1

阶段	年份	名称
第一阶段：针对性治理	2014	《成都市城市建设管理转型升级"四改六治理"十大行动专项工作方案》
	2014	《成都市人民政府办公厅关于进一步推进五城区棚户区改造工作的实施意见》
	2015	《成都市中心城区老旧院落改造专项工作方案》
	2015	《2015年成都市老旧院落改造重点工作》
	2015	《成都市民政局关于加强老旧院落自治组织建设工作》
	2015	《成都市人民政府办公厅关于进一步加快推进五城区城中村改造的实施意见》
	2015	《成都市2015~2017年棚户区改造规划》
	2016	《成都市2018~2020年棚户区改造规划》
第二阶段：综合性治理	2017	《关于深入推进城乡社区发展治理建设高品质和谐宜居生活社区的意见》
	2017	《成都市社区发展治理"五大行动"三年计划》
	2019	"社区微更新"专项行动
	2019	《成都市城乡社区发展治理2019年工作要点》

成都市根据不同时期的治理内容分为两个阶段的政策导向：①以《成都市城市建设管理转型升级"四改六治理"十大行动专项工作方案》（以下简称《四改六治理》）为引导，针对不同社区类型的针对性更新政策；②2017年以来以空间品质与社区发展同步提升的综合性治理阶段。同时，这两个阶段的政策执行期间，既保证对成都市社区空间优化的延续性，又关注了社区的综合水平提升。

3.3.2 城市更新与社区治理行动背后的政策支撑

成都市早期的社区空间治理基于《四改六治理》的引导，以问题为导向，直面城市空间品质与居住环境的痛点，是继"北改"之后规模最大的民生工程。后期，成都市在空间优化的相关策略从不同的社区类型聚焦到社区内部的多元化空间。具体分为以下几个方面。

3.3.2.1 居民居住条件改善与公服设施建设

在《四改六治理》与2013年国务院相关政策引导下，成都市主要通过棚户区改造工作来推进居民居住条件改善与公服设施建设工作，提出了《成都市人民政府办公厅关于进一步推进五城区棚户区改造工作的实施意见》与棚户区改造规划，以实现居民住房条件改善、基础设施与公共服务设施建设水平不断提高、城市品质提升为基本目标。这一时期居民居住条件改善与公服设施建设工作总体来说还是以自上而下的更新模式为主，在政府的支持下，其更新策略更加完善与精准。

针对棚户区，政策从成都市的情况出发将棚户区分为四大类，并制定其相应的工作机制，具体的实施则需要根据不同类别按其先后顺序进行改造，如表3-2所示。改造采取拆旧建新、改建、综合整治相结合的方式进行整治，高度体现该政策对于不同改造对象的适应性；强调在改造过程当中保护城市空间形态与传统特色风貌，优化区域内的规划布局等工作。

成都市棚户区改造分类   表 3-2

类别	具体类型
I	绿地、公建配套设施用地的建设，以及对周边有明显安全影响的建筑
II	区域内房屋为平房或低层住宅； 破损度较高以及功能性不足、配套不齐全的居住区及其他建筑物
III	建筑标准较低，配套设施不完善意思居住环境较差的城镇旧住宅区
IV	政府确定的其他改造范围

《成都市2018~2020年棚户区改造规划》中明确了在基础配套设施与社区公共服务配套设施提升方面的具体目标与策略：政策提出要优化次干、支路与街巷等区域内路网结构，完成中小街道"黑化"的综合整治；从数量与质量上提升公共服务设施配套，实现社区内部基本公共服务设施的供需平衡等。

3.3.2.2 社区的综合整治与长效管理

在《四改六治理》的引导下，成都市社区的综合治理与长效管理工作以老旧院落改造工作为主要内容，该项被纳入2015年民政基层治理的重要工作内容。综合整治、一院一策作为该阶段工作的基本工作原则。在具体实施过程当中，成都市执行"硬件提升+长效管理"的治理模式推进老旧院落的整治工作实施：在改造方面调整以往惯有的标准，侧重于加强院落配套等功能性提升、环境改善以及专项改造工作的力度；在"长效管理"方面，成都通过健全基层治理工作机制，实现多层部门联动的管理模式，并初步细化社区网格化自组织的建设工作，建立"四会一走访"的自治机制；之后还更加精细化地提出安防设施、公用设施等硬件设备的改造与专项功能性改造这两大方向的具体策略。

3.3.2.3 政府社区政策保障与工作机制完善

成都市在社区相关工作中同步推进社区更新政策与工作机制的完善。如成都市在2007年启动城中村改造工作，但在2014年，改造工作受到规划变更、房屋拆迁以及其他一些因素的影响，基本处于停滞状态。2015年，成都市在《四改六治理》的部署下颁布《成都市人民政府办公厅关于进一步加快推进五城区城中村改造的实施意见》，来重点解决当下遇到的问题。改造工作仍以完善城市功能与改善居住环境为主要的工作方向，并提出基础设施优化、生态绿地建设与居住环境改善的工作目标，但具体实施手段则侧重于政府政策以及工作机制的完善，以健全改造推进过程当中的保障措施。

3.3.2.4 社区风貌提升与公共空间硬件配套建设

成都市还对城市社区的风貌与公共空间硬件配套进行建设以提升社区的整体功能与品质。2017年，成都市在《四改六治理》的引导下，提出了《成都市社区发展治理"五大行动"三年计划》（以下简称《五大行动》）。在前期治理的基础上，针对社区内部的背街小巷、景观绿化等空间都提出相应的优化策略。首先，为了改善背街小巷等"乱象"现状，政策提出对违规违法建设、街巷环境、街面设施、街巷建筑立面进行整体风貌提升。从整个街区来说，社区需要强化本地文化，按"一街一特色"的基本原则，进行特色、专业的发展，来增强社区的整体功能。其次，政策强调提升社区公共空间的硬件配套。通过网格化的划分与管理，社区对自身的街巷路网进行改造优化，并开放国有企事业单位的非公共或半公共通道。最后，对社区空间绿化进行优化。一方面，政策提出"两拆"，扩大社区内部的开放性公共空间；在此基础之上，增加社区的游园、绿地，争取达到"300米见绿，500米见园"的建设目标。

3.3.2.5 小微公共空间品质提升与老旧建构筑物再利用

社区空间的小微公共空间品质提升与老旧建构筑物再利用是社区空间的优化重要内容。在《五大行动》的影响之下，成都市将大力推动以社区小微公共空间的品质提升、社区老旧建构筑物的活化利用为主的目标，着力解决社区空间质量低、公共服务设施不足以及社区文化消退的问题，在2019年推出"社区微更新"专项活动。专项活动以社区为单位，强调多元参与，探索实施集成式、集中式、片区式的"社区微更新"行动。为了有效推进相关工作，社区积极引导社会组织参与"社区微更新"，鼓励社会企业参与社区公共空间的项目设计、建设实施、运营维护、商业改造等，同时发挥社区规划师的作用，加强专业化指导。

4

第 4 章 成都市城市社区更新的理念与实施

城市社区更新通过城市更新和社区治理的综合手段开展空间建设和社会工作，不断完善社区功能，提升环境品质，优化社区服务，传承社区文化，持续强化治理能力，提高社区宜居性、适应性、认同感和归属感。

城市更新及城市社区治理的一般程序是自上而下的核心价值目标演绎分解的过程，通过政府建构的系统性制度和机制对核心价值目标进行任务分配、目标分解、制定与实施，以期解决城市基层矛盾冲突，满足城市基层民众内在需求。城市社区更新则强调基层的矛盾与需求通过政府构建的反馈机制依据自下而上的逆向层级上报获得的信息，调整、修正、创新顶层价值目标体系，从而形成立足社区的城市更新过程。

近些年，在我国更新范式与政策变化的影响下，政府职能由权力的支配者向服务者转型，政府与市场、社会参与等多元参与主体之间也逐渐平衡。成都市在城市社区更新过程中，其工作的内在动力依靠自上而下的行政推动和制度保证和自下而上的社区协同与合作，在区级政府进行目标任务分解与实施推进，最终具体的实施内容落实到街道和社区。而社区与街道承担由区级政府分解的任务，同时在这个层面，依据市、区级提供的相应政策工具、平台、资源充分发挥基层人民的自治能力，实现自上而下传递的核心价值和目标。除了以上自上而下的城市社区更新工作逻辑，多元参与主体在实现社区更新目标过程中的协同和合作，并且在这个过程中不断创新出多样化的模式和办法，充分体现自下而上的社区自治带来的可持续的活力和内在动力。

4.1
从城市更新到城市社区更新的范式转型

▶ 随着城市发展和社会进步，城市更新的理念、指导政策以及参与主体也随之发生变化，除了传统城市更新范式，以社区为单位、多元主体参与的社区更新逐渐成为城市更新和社会治理的主要内容之一。

早期西方城市旧区在发展过程当中面临着物质形体衰败、社会与政治结构变迁等问题，而政府与公众等多方力量则希望城市旧区能够不断改造以满足新的城市结构与需求，最终促生了以政府为主导的城市更新行动。第二次世界大战之后，西方城市为了恢复战争创伤，拉开真正意义上的城市更新运动，这一阶段的更新以大规模地推倒重建式为主，它将物质性改造与社会政策整体考虑，并且吸引了更多社会力量与公众的有效参与。

20世纪60年代以后，大拆大建更新模式对城市社会、文化经济等方面的消极影响开始逐渐显现。基于此，西方城市对其旧区更新的模式与理念进行了反思。

20世纪70年代开始，西方城市陆续提出"社区发展计划""住户自建""历史街区修复"等新的更新理念与方法。在此基础上，政府出台的相关政策也已经开始注重社会发展以及居住区经济、环境的复苏，而不再局限于对旧城进行拆建。同时，西方城市居民逐渐有了公民权利的意识，并在社区内部自发形成社区组织，希望由他们自身来决定社区的环境改善策略与发展方向。之后，西方政府逐渐将更新的主要权利赋予社区，鼓励在居民的积极参与下，改善住区环境、提升社区服务、增进邻里关系。这种以社区为主要参与单位的居民自愿式更新成为西方国家城市更新的主要方式，也影响着我国社区更新的发展。

我国现阶段城镇化率已经达到60%，大城市病逐渐凸显，需要通过城市有机更新实现城市的转型与发展，另外，人的需求逐渐提升和多样化，都需要城市社区更高水平的服务供给与社会治理来应对。面对我国当前的城市发展和社会治理需求，社区更新逐渐成为我国推动城市发展和社会治理的关键手段。因此，我国从城市更新到社区更新的模式转变，不仅在于从宏观到微观的空间范畴变化，还代表着城市规划建设范式的变革，以及城市发展向人本价值的回归。

成都市跟随着时代洪流，同样发生着从城市更新到社区发展与治理的一系列转型。中华人民共和国成立后，成都市城市社区治理与我国社会治理制度变迁同步演进。成都城市特有的市井文化与居住文化为城市提供了良好的基层治理的人文历史条件和蓬勃的生命力。近些年随着城市发展战略的调整，成都市发展出一套独有的城市社区治理方法与机制，在全国社区治理工作中具有一定的代表性。从旧城改造迈向城市有机更新，成为成都市城市社区治理迈向综合治理的前提条件和基本诉求。

4.2
多元主体参与的城市社区更新实施关系

▶ 随着城市更新范式的转型，更新主体也发生了改变。在西方城市建设的策划和具体实施过程中，更新主体随着更新模式与政策的调整，经历了三个阶段的转变。

第一阶段为建设理念和过程都以政府为导向、自上而下的更新模式。一开始，西方城市的城市更新运动是自上而下，带有福利色彩的。具有代表性的是英国在1969年提出的《地方政府补助（社会需要）法》，通过政策引导政府推动旧城复兴与物质环境改善工作，更新运动的推进基本依靠政府部门的资金支持，而其他角色在这个阶段仅仅是福利的接受者。

第二个阶段为以经济增长为取向的房地产开发模式。在20世纪70年代开始全球经济调整的背景之下，西方城市的经济问题日益严峻，单靠政府部门拨款与实施更新成效并不理想。因此，西方城市更新政策进行调整，以市场为主导、以引导私人投资为目的、以房地产开发为主要方式成为当时的主流；福利性的更新阶段也转变成以经济增长为取向的更新。

第三个阶段为公私合作的多元主体参与模式。西方城市以市场为主导的更新机制既没有保证有效的经济增长，也忽略了当时对社会问题的改善。这一结果令西方城市对其更新政策又进行了反思，着重关注社区与公众在更新过程中的作用，并对更新机制与资金投入进行调整。20世纪90年代初，西方城市出台推动公私合作的相关制度。如英国1992年出台"私人投资计划"之后，又对20例与之相关的政策制度进行整合，出台"综合更新预算"这一基金运行模式。在此基础上，西方城市的更新主体也更加多元化。

从西方更新主体的转变中可以发现，这个过程往往具有一定的规律，更新过程中出现的一些现实问题，会驱使当下更新理念与方法的转变；而这一转变则会受到政策的支持，政策再通过对组织架构的调整来引导不同主体的具体工作，以解决当下的问题，如图4-1所示。因此，更新政策的不断调整与落实，是促使更新主体转变与发挥其作用的重要动力。

我国确立社会主义市场经济体制后，城市更新逐渐开始通过市场来配置城市空间等资源。之后，伴随着更新范式的转型，更新工作又逐渐深入基层社区，让社区、公众等都参与到城市更新的工作当中。

目前，更新过程中不同角色的参与深度和广度各有不同，从我国的实际情况来看，政府在更新过程中具有动态变化性，同时承担规划者、保障者、协调者、激励者的角色，在不同的阶段都引导着工作进行与城市的发展。

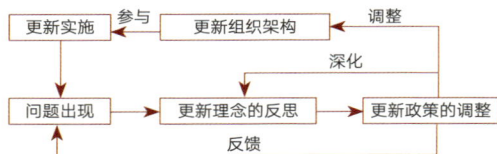

图4-1 西方城市更新主体转变过程

1992年，我国颁布《土地使用权出让条例》之后，房地产市场开放，政府财政的短板被弥补。后来，随着政府角色的转换，我国形成以依赖市场、以房地产开发为导向的更新模式。基于市场，一方面，原权利人自行实施、市场主体单独实施或者二者联合参与城市更新；另一方面，社会资金参与城市更新；同时，政府通过引入公平公正的参与机制以及筛选优秀企业等主体的参与也推动更新实施的效率。在此基础上，我国在2013年由国务院办公厅印发《关于政府向社会力量购买服务的指导意见》。该项政策的有效执行，整合了市场运作下的有效社会资源，推动了政府的职能转型，并能支持政府与市场之间的协调发展。

随着社区、居民等主体参与程度的不断深入，我国公众参与的制度与法规也在逐渐建立与完善。特别是在党的十六届三中全会中，提出的树立"以人为本"的执政理念，更进一步地提升了公众参与的重要性。

总体来看，在我国，政府职能由权力的支配者向服务者转型；行政主导的城市管理模式向多方参与、多种力量共融的城市治理转变；政府与市场、社会参与等多元因素之间也逐渐平衡（图4-2）。

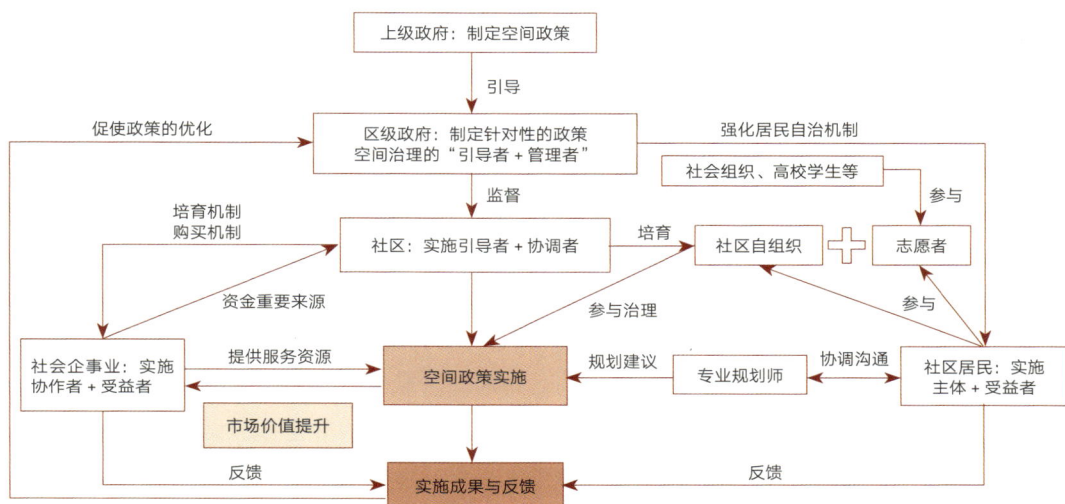

图4-2 多元主体参与的社区更新实施关系图

4.3
成都市城市社区更新的实施主体

4.3.1 各级社治委

4.3.1.1 中共成都市委社治委体系

▶ 随着社会转型发展，城乡社区发展治理面临群众利益诉求复杂多样、基层治理难度加大等问题。成都的城乡社区发展治理工作一般由组织、民政、财政、住建等40余个部门分工负责，各部门对社区多头延伸、多头考核，叠加了基层负担，社区治理"九龙治水"、缺乏顶层设计的问题日益突出。由此成都市成立中共成都市委社治委，负责统筹推进城乡社区发展治理改革工作。

市社治委主要负责组织、指导、协调全市社会治理工作。除了需要牵头制定全市城乡社区发展治理的中长期目标和阶段性任务，完善城乡社区发展治理政策体系并推动落实、编制城乡社区发展规划和标准，组织城乡社区发展治理工作理论政策和实践研究，协调有关宣传工作之外，更主要的工作在于协调各部门各系统共同推进城乡社区有机更新和公共服务供给能力建设、多元治理体系建设、社会组织及社会企业的培育发展，并协同各部门各系统建立城乡社区发展治理资源统筹机制和人、财、物投入保障机制，推进社区人力资源支撑体系改革，发挥牵头揽总的作用，把分散在多个部门的职能统筹起来，激活人、财、物等资源，进行更加科学化的谋篇布局，推动社区发展治理精细化[1]。

4.3.1.2 中共成都市各区委社治委

各区（市）县党委也相应设立区委城乡社区发展治理相应机构，具体承担区（市）县城乡社区发展治理的工作职责。各区委社治委承接市委社治委的工作职责，制定区一级城乡社区治理体系建设的中长期目标和阶段性任务，统筹推进区一级及街道的城乡社区发展治理体制机制改革，并构建各级以党组织为核心的新型城乡社区治理体系。具体事务包括指导编制该区城乡社区发展规划、统筹各区政府部门和系统协同工作、推进城乡社区有机更新和城乡社区公共服务供给能力建设并建立城乡社区发展治理资源统筹机制和人财物投入保障机制，优化整合各区社区资源，实现区域化资源共享。同时指导推动社会组织、集体经济组织参与城乡社区治理；指导基层群众性自治组织规范化建设[2]。

成都市委社治委将社区更新作为一个系统工作进行统筹规划、谋篇布局。基于此形成党组织综合协调各行政部门和各级政府形成纵向推进，横向协调的城市社区更新模式。2019年，《成都市城乡社区发展治理总体规划（2018~2035年）》正式印发，该规划由中共成都市委社治委牵头编制，强调城市的宜居性和人文尺度。区委社治委进行的城市社区更新工作则更倾向于安排、分配各种提升社区生活品质的更新任务、项目到街道办，街道办再将项目分解到社区居民委员会。

4.3.2 区政府及相关部门

成都市从城市更新到城市社区更新之初就遵循"党建引领，政府主导，市场运作，群众参与"的原则。结合城市更新路径的《成都市城市有机更新实施办法》（成办发〔2020〕43号）以及社区发展治理的《关于深入推进城乡社区发展治理建设高品质和谐宜居生活社区的意见》（成委发〔2017〕27号）、《成都市社区发展治理"五大行动"三年计划》（成委

---

① 中共成都市委城乡社区发展治理委员官方网站。http://www.cdswszw.gov.cn/。
② 成都市政府信息公开网。http://gk.chengdu.gov.cn/govInfo/。

厅〔2017〕144号）文件，成都市确立了除社治委以外的区一级各相关部门在社区更新中承担的主要职责。

成都市及各区住房和城乡建设局主要指导公园城市生态建设和场景营造，推动公园形态与城市空间有机融合，推进智慧公园建设工作；组织加强生态文明建设和推进城市有机更新等政策研究，开展公园城市建设和城市更新同城市空间、城市文化、城市产业、城市人居等协调发展的相关理论研究并提出建议；结合公园城市产业融合发展、生态价值转换等，拟订有关公园城市建设和城市更新工作计划、阶段性任务并组织实施。同时负责全区国有土地上房屋征收、搬迁补偿的指导、监管工作；负责统筹全区城市更新有关工作，承担棚户区、危旧房、城市旧城、老旧建筑、老旧院落（小区）改造等城市更新工作。负责组织全区重要街区、高品质社区、城市节点、城市公共空间景观建设的可行性研究；负责特色街区建设的统筹协调，牵头重要街区、高品质社区、城市节点、城市公共空间、既有建筑立面等风貌提升、功能改造和景观建设等工作。

推进成都市公园城市建设的工作是一个系统工程，牵涉市域甚至更大的空间范围，但具体工作则落实在社区空间范畴，并与社区空间与社会密切相关。新建机构区公园城市建设和城市更新局，除了统领该区公园城市建设与城市更新工作，与社区更新直接相关的工作职能为"负责棚户区、危旧房、老旧院落（小区）、老旧建筑、城中村、旧城改造等城市更新工作，特色街区、高品质生活社区和城市既有建筑风貌提升、功能改造的规划设计、统筹协调、建设管理等"。在实际操作中，主要有以下工作内容：①推动重点项目建设落地；②分片区进行旧城改造的融资、土地整理、特色街区打造；③推动、配合道路系统建设。其社区更新的工作更为具体化、项目化和专门化。

成都市及各区民政局是社区治理工作的重要部门，需会同有关部门做好城乡社区发展治理工作。涉及社区更新的具体事务包括负责志愿服务行政管理工作，社会工作专业人才、社区自治组织成员队伍建设，登记管理和执法监督社会团体、社会服务机构以及社会组织党建工作。统筹全市社会救助体系建设，组织、指导扶贫济困等社会互助活动，统筹推进、督促指导、监督管理全市养老服务工作并统筹推进残疾人福利制度建设等。

成都市委及区委组织部则负责各级党组织和党员队伍建设，为协调统一推进社区更新各项工作提供组织保障；成都市商务委员会在社区更新工作中负责协调推动社区服务业体系建设，研究提出政策措施。市及各区财政部门则负责按照计划安排核拨社区更新涉及的各项资金，为社区更新各项工作提供资金保障。成都市各区综合执法局主要在社区更新工作过程中协同街道、社区对社区市容环境卫生、市容秩序、城市景观照明、城市道路桥梁等市政基础设施维护与监督管理。

其他相关政府部门，如成都市人力资源和社会保障局、成都市教育局、成都市文化广电旅游局、成都市卫生健康委员会、成都市体育局、成都市商务委员会等部门牵涉社区更新生活品质提升的相关工作的配合。

街道办事处、社区工作站、居民委员会（下称居委会）等基层组织则是社区更新的主要阵地，主要维护社区更新活动的正常秩序，协同相关部门组织居民、社会参与者等其他参与者共同推进社区更新各项工作。

其中居委会作为社区更新的直接参与者和利益相关者是居民自我管理、自我教育、自我服务的基层群众性自治组织，根据2018年修订的《中华人民共和国城市居民委员会组织法》正文第三条规定，居民委员会的任务为：①宣传宪法、法律、法规和国家的政策，维护居民的合法权益，教育居民履行依法应尽的义务，爱护公共财产，开展多种形式的社会主义精神文明建设活动；②办理本居住地区居民的公共事务和公益事业；③调解民间纠纷；④协助维护社会治安；⑤协助人民政府或者它的派出机关做好与居民利益有关的公共卫生、计划生育、优抚救济、青少年教育等项工作；⑥向人民政府或者它的派出机关反映居民的意见、要求和提出建议。

居委会的职责中并不包括与社区更新落地的具体责任，更多责任应该在于提供公共服务和向人民政府或派出机关反映居民的意见、要求和提出建议，反映在社区更新工作中就是组织公众参与社区更新整个过程，以在社区更新过程中充分体现出居民的意志，做到以人为本。因此社区居委会的角色更像是平台和中介，以达成政府与人民的双向交流。

以成都市某社区为例，从表4-1中可以看到成都市某社区居民委员会共有工作人员13名，每个人的工作内容容纳了政府几乎所有部门的行政责任，在调研和匿名问卷调查中，工作人员普遍反映其承担的工作过于繁重。可以看到社区更新的相关任务从街道办被下移至社区，社区面临行政化。

成都市成华区某社区居民委员会分工 表4-1

序号	职位	工作内容
1	居委会主任	主持社区全面工作
2	居委会支部书记	党建工作、共建工作、大型党建活动策划、总支部会议记录、居民小区党的工作覆盖、总支部计划总结、其他工作安排
3	工作人员A	安全、消防、应急、投促中心、工商行政、食品安全、河道水务、防汛、武装部、城乡环境、城市管理、居委会计划总结、其他工作安排
4	工作人员B	宣传工作、妇联工作、电子屏更新、参访接待安排、节假日值班安排及、社区发展、其他工作安排
5	工作人员C	一支部工作、社会治安综合治理、平安建设、公众号、近期百日攻坚、"1+3+N"、老街坊平安志愿服务队、社区规划师、"新市民"工作、牵头民政其他工作安排
6	工作人员D	二支部工作纪检、监察、党风廉政建设、统战、党员义工、微党校、党建活动、骨干培养、对口帮扶、党务公开、社区发展治理上报、其他工作安排
7	工作人员E	财务及资产管理、政府采购、公服资金管理共青团工作、议事会、居民小组长、楼栋长、两委会议记录、关心下一代工作委员会、居务公开、慈善微基金、人事管理、后勤、牵头劳保、其他工作安排
8	工作人员F	计生，卫生，物业工作安排、管理，志愿者管理，老协管理、活动组织及其他工作安排

序号	职位	工作内容
9	工作人员G	人力资源、劳动保障、就业、社保、住房保障、教育、档案管理、请假与调休管理，家长学校和未成年及其他工作安排
10	工作人员H	高龄、残疾、低保、快速救助、慈善、医疗救助、流浪乞讨、居家养老、红白喜事会、红十字会及其他工作安排
11	工作人员I	武装部、企业与自主择业军转干部、优抚、双拥、信访、司法、调解、法制宣传、其他工作安排
12	工作人员J	文化（参加街道活动、社区大小型文化活动、文化市场检查、扫黄打非、文化E管家平台）、社会组织管理、科普、工会（工会保险以及日常工作）、综合统计、其他工作安排
13	工作人员K	基层平台信息维护、好人榜、好人好事上报及其他工作安排

资料来源：社区提供。

4.3.3 社区成员

社区更新涉及的社区成员包括驻区单位、驻区商家、居民等。

4.3.3.1 驻区单位

驻区单位是社区发展与治理中非常重要的力量和重要的参与者，是共建共享共治的主体之一，在社区更新的过程中，需要调动社区驻区单位的积极性，联合驻区单位党组织力量。据统计，2018年成都市仅成华区就有驻区单位770家。这些驻区单位能够参与到社区更新中将对拓展社区的社会资源和社区的社会网络有重要意义。

4.3.3.2 社区商家

社区商业是以社区居民为主要服务对象，满足居民日常生活消费需求为目的，提高生活必需品及相关生活品质提升服务的商业类型，既满足居民需求，又促进吸引居民消费水平提升，同时也是社区居民交往和消费场景的重要空间载体，是社会服务体系中最基本、最稳定的单元。社区商家作为社区商业的主体，与社区更新密切相关，更是社区社会网络的重要一环，因此社区更新中社区商家的积极参与是提高社区生活品质的重要力量。

4.3.3.3 居民（包括业主和租住户）

2017年成都市户籍人口为1435.33万人，城镇常住人口为1152.81万人，流动人口为619.29万人[1]。流动人口很大比例以租住户的形式在社区居住，尤其在城市老旧社区中聚居

---

① 2018年、2019年流动人口未统计，因此以2017年数据为参考。数据来源：成都市统计局《关于2017年成都市主要人口数据的公告》。

着相当比例的流动人口，大量的老旧城市社区呈现出流动人口与本地居民混杂居住的状态。租住户作为社区中的利益相关者，理当为自身的权益做出诉求，租住户参与社区更新，能够避免租、住分隔的二元社区生成，促进社区的和谐发展，维护社会稳定。

专栏4-1

　　和美社区辖区内共有18座商业楼盘，社区商业资源十分丰富，针对这一特点，保和街道办事处牵头，对辖区资源进行整合，打造了以和美公园、社区党群服务中心、文化活动中心、卫生服务中心、综治中心、商业服务中心、养老服务中心为主要内容的"一园六中心"社区综合服务体，为群众提供各种各样的服务。

　　结合实际，社区还探索了把组织体系建起来、居民自治转起来、能人贤士找出来、居民群众动起来、社会组织引进来、区域资源聚起来、公益热情燃起来、社区文化活起来的"八来工作法"，搭建了"960先锋荟"、商企联盟"和商汇"等平台，充分整合资源，实现共建共享，打造出宜居宜业宜商宜旅的新型社区样本。同时，社区推进"市场+公益"，丰富服务内容；"中心+小区"，扩大覆盖人群；"服务+孵化"，增强造血机能，这样的"四联"互动社区综合体运营新模式，提升了小区活动覆盖面和群众参与度。

专栏4-1图1 和美社区党群服务中心

专栏4-1图2 和美社区活动

4.3.4 市场主体

　　在过去几十年，商品化的住房政策使得房地产开发商和物业公司成为打造、经营、管理城市居住空间的重要主体。对于社区更新，涉及的市场主体分为两种：一类是开发建设性的市场主体，对物业进行重建、更新、改建等，从中获得利润；另一类是服务管理性市场主体，对现有物业进行管理，提供物业服务获得利润。

4.3.4.1 开发建设性市场主体

社区涉及的开发建设性市场主体主要包括房地产公司、房屋租赁公司等一系列市场主体，是社区建设的投资运营方。城市社区更新涉及空间功能更新的部分鼓励权利主体自行改造，但多数情况下权利主体因缺乏资金、人才、经验和能力，需要委托市场主体或与市场主体合作进行更新。目前成都市尚无明确的实施方案与政策对市场主体参与社区更新进行规范和指导，但是已有一些自上而下的参与尝试。

专栏4-2

位于锦江区一环路牛市口社区的原锦江区供电局宿舍楼，楼龄超30年，为成都市老旧院落改造重点项目，于2019年由特色住宿预订平台与成都市锦江区政府正式合作启动改造，命名为"由里"，并于2020年7月正式交付运营。该项目也是全国首个融入民宿业态的城市旧改项目。

与以往的大拆大建模式不同，当下老旧小区改造更注重有机更新、城市肌理和街区风貌的保护。通过引入新业态让老城重新焕发活力，将老旧小区改造成兼具品质和特色的民宿便是一项有益尝试。而民宿作为展示城市文化的窗口，其个性化、重体验、在地化属性特征十分契合当下老旧小区改造的方向要求。

"由里"项目前前后后同锦江区社区、街道办组织一共开展了37次工作沟通会，以在充分尊重原有居民意愿的基础上开展腾退疏导工作。搬迁意愿不强的居民也可无偿享有外立面改造、电梯加装以及公共设施绿化配套等服务，力求尽最大可能提升留守居民社区人居环境和生活品质。

4.3.4.2 服务管理性市场主体

在成都市甚至在我国绝大多数的城市，社区中最有代表性的市场主体通常为物业公司。一般而言，在社区治理中，物业管理公司和业主委员会都是物业管理的机构，它们共同管理着一定范围的物业。物业管理公司是受聘于业主委员会（或物业所有人和使用人），依据物业管理委托合同管理小区物业的专业性市场组织。随着住房产权的个人化、多样化，当前的城市社区存在着商品房、售后公房、公房三种不同的物业结构。从规范的意义上看，业主委员会和物业管理公司在完全契约关系下是地位平等的工作合作关系，两者通过双向的市场选择，依靠委托合同，形成受委托人和被委托人、服务者和被服务者之间的关系，只不过业主委员会是决策者，物业管理公司是雇员。而现实中，两者的关系则主要表现为非完全市场条件下的相互关系。这种关系的特点主要是：第一，物业的委托人是一个企业或一个机构，不是一个由许多业主依法组织起来的群众自治组织；第二，物业管理企业作为子公司是在母公司的支持下，直接组织产生出来的，其日常的经营活动多受到母公司的监督和制约；第三，物业管理权的取得是通过单方授权产生的，不是市场竞争。产生这种不完全的契约关系的主要原因有三个方面：第一，从物业公司的产生途径来看，我国的物业公司要么是由原国有房产部门直接转制而来，要么是由开发商自己组建；第二，从业主委员会的产生缘由来看，业主委员会是业主与物业公司斗争的产物；第三，从业主委员会的产生时间来看，它比物业公司的产生要晚。物业管理公司与业主委员会都是处于政治系统之外的单纯利益性组织，两者之间稳定的调控平衡还需要借助于其他组织的力量。

成都市2018年发布了《成都市建设高品质和谐宜居生活社区全面提升物业服务管理水平的实施意见》（成社治发〔2018〕1号印发）以改进社区物业服务管理。其中加强了社区党组织、社区居民委员会对业主委员会和物业服务企业的指导和监督，同时建立健全社区党组织、社区居民委员会、业主委员会和物业服务企业议事协调机制；无物业管理的老旧院落、无责任单位的小区普遍实行院落（小区）自治，自主选择自管、托管、共管等方式对小区物业进行管理和服务。

专栏4-3

为有效破解居民小区物业矛盾纠纷高发、频发难题，武侯区在对标学习深圳物业小区共有资金规定和杭州物业小区治理经验的基础上，率先创新探索信托物业——将小区物业费、小区公共收益等设立为小区共有基金，以信托方式授权给物业企业用于小区管理服务，通过透明的制度机制实现业主权益和公共利益最大化。

武侯区选取风华苑、映月花园等小区开展试点，首先依托《信托法》为信托物业的法律基础，建立业主大会、物业企业、全体业主三方的信托关系；其次建立物业费和停车费、广告费等全体业主共有基金，物业企业按照约定比例提取酬金，剩余部分全部用于小区服务；再次通过搭建物业信息公开平台，促进业主广泛参与，以保障业主自主决定权和财务知情权；最后创立了监察人制度，将社区、小区党组织和居委会确定为小区监察人，并聘任律师、会计师等第三方专业监察人，实现了多元协同共治。

专栏4-3图1 武侯区"信托制"物业服务模式产品发布会

专栏4-3图2 信托物业服务培训会

目前信托物业已在武侯区落地9个小区，还有20个小区持续推进中。自信托物业推行的一年以来，试点小区的物业矛盾纠纷同比减少90%以上，物业缴费率提高20%以上，物业服务满意度提升至90%以上，信托物业目前已写入《成都市社区发展治理促进条例》，并在全市20个区（市）县70多个小区推行。

4.3.5 社会参与主体

社会参与主体包括政府购买服务的社会企业和社会组织，虽然购买服务是市场行为，但这一类主体偏重于在保证良性运营的前提下获得更大的社会效益。

4.3.5.1 社会企业

《关于培育社会企业促进社区发展治理的意见》（成办函〔2018〕61号印发）中提出，社会企业是指经企业登记机关登记注册，以协助解决社会问题、改善社会治理、服务于弱势和特殊群体或社区利益为宗旨和首要目标，以创新商业模式、市场化运作为主要手段，所得盈利按照其社会目标再投入自身业务、所在社区或公益事业，且社会目标持续稳定的特定企业类型。由此可见社会企业兼具社会、经济双重属性，参与社会事务、协助解决社会问题，在社区更新中承担重要的社会服务职责。

4.3.5.2 社会组织

社会组织在社区更新中承担推进产业发展、服务社区治理、服务城乡居民、服务行业发展的作用，为拓宽社区建设资金投入渠道，丰富社区文化，促进社区和谐文明协调发展，在推动居民群众参与社区建设、激发基层社会活力、表达社区居民诉求、创新社会治理等方面发挥重要作用。2017年，《成都市政府向社会组织购买服务实施意见》（成财采〔2017〕205号印发），通过建立政府购买社会组织服务制度，将部分原来由政府直接举办的为社会发展和人民生活提供服务的事项交给有资质的社会组织来完成，并根据社会组织提供服务的数量和质量，按照一定的标准进行评估后支付服务费用，探索新型政府提供公共服务机制，对促进政府职能转变，提高公共服务的效率和质量，不断满足人民群众对公共服务的需求，具有重要的意义。截至2018年底，成都市依法登记的社会组织达11535个，较上年新增662个、增长6.1%；直接登记社会组织2162个。

专栏4-4

爱有戏社区发展中心成立于2009年，是5A级社会组织，全国百强社工机构。以"协力构建更具幸福感的社区"为使命，专注于城市社区发展。爱有戏形成社区发展、家庭综合支持、公共服务、支持性业务四大业务板块协同发展的格局。机构下设"艺术与社会创新实验室"和"社区发展实践研究院"。机构现有在职员工290人，专业背景涵盖社会工作、社会学、人类学、心理学、公共管理、艺术类等多个领域。机构党团组织健全，现有党员（含流动党员）61名。

社区发展业务板块关注"邻里关系疏离，社区公共生活匮乏"的社会问题，研究社区需求，整合和挖掘社区内外部资源，制定干预策略对社区进行干预，搭建平台实现社区动员，最终推动社区互助关系形成，让居民组织起来相互服务。

爱有戏的代表性项目是"义仓"。项目用社区内部资源回应社区内部需求的案例，有"你好邻居"一勺米公益挑战、一个观众的剧场、义仓爱心仓库、义集、流动博物馆、社区邻里中心、义仓基金及义仓实体商店等一系列社区营造项目。除此之外，爱有戏还创办了友邻学院（开发23门课程，已培养社区骨干2719名），举办了坊间社区公共艺术节以及其他的社会救助工作。

专栏4-4图1　义仓爱心仓库

4.3.5.3　志愿者及组织

社区志愿者是在社区范围内不为获取任何物质报酬主动承担社会责任，奉献个人时间的人。在实际的社区治理的过程中，由于社会工作者人数的限制，许多活动及工作的开展都需要社区志愿者的协助才能顺利完成。因此社区志愿者在社区治理活动中具有十分重要的地位。《成都市深化社区志愿服务的实施方案》（成都市委组织部、成都市委社治委、成都市精神文明办、成都市民政局、成社治办发〔2017〕9号）中提出培育一批具有奉献精神、专业素养、常态化参与社区服务的志愿者队伍，建成一批管理规范、服务完善、充满活力的社区志愿服务组织，为成都社区志愿服务工作构建了制度框架。

4.3.5.4　社区规划师

社区规划师扎根社区，从专业角度普及规划知识，对居民诉求进行沟通，提出解决方案，并发动各个主体角色参与社区共建，参与编制社区规划，并指导社区规划项目的实施，促进社区营造。根据成都市《关于探索建立城乡社区规划师制度的指导意见（试行）》，重点采用两种方式建立社区规划师制度，一是挖掘利用本土人力资源，鼓励本土、在地的相关专业人才担任辖区社区规划师，并将社区"两委"成员、热心居民、志愿者等逐步培养成社区规划师，二是通过向专业机构购买服务聘用社区规划师。

成都市基于社区规划师工作制度来引领高品质和谐宜居生活社区建设，构建全域覆盖的社区规划师队伍体系，建立社区规划师"三团"机制。

成都市城市社区更新从其属性来说既具有行政性又具有治理性。机构职能作为城市社区更新的主要正式制度构成，起着主导作用，机构职能的异化直接导致城市社区更新的主要推进工作偏离初衷，出现一定的运行问题，使成都市社区更新面临机制性的挑战。

4.4
成都市城市社区更新的实施协同机制

▶　　一般而言，在基层治理单位的社区中，如图4-3所示，有3种权利主体，其中党委和政府以及居民委员会代表了政府角色，输出国家意志并执行国家在基层社会的治理政策。房地产开发商和物业公司则构成了社区当中的市场角色，承担起以房屋管理和业主日常生活为核心的物业服务。而驻区单位、商家、业主及租住户为代表的社会角色，在社区中表达诉求，与政府、市场主体博弈提高自身的

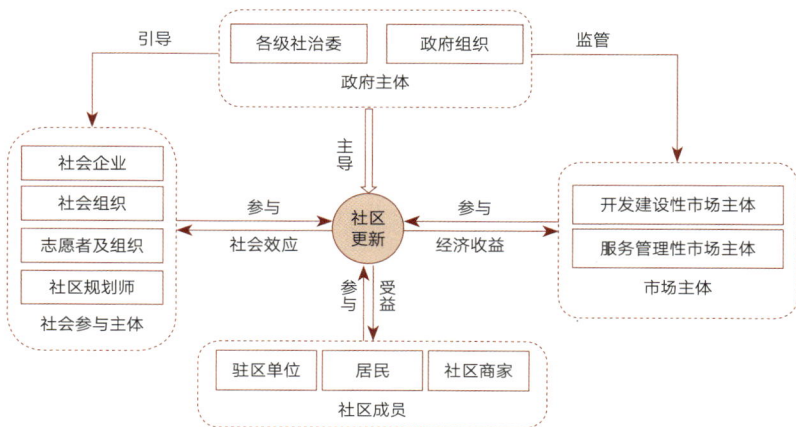

图4-3 社区更新过程中引入其他社会参与主体以满足多方效益

生活水平和生存条件。在社区更新过程中，这三方之间的两两互博不足以平衡各方利益关系，而引入其他社会参与主体并建立协同机制，使各方参与到社区发展与治理中，获得较好的多方效益。

《关于进一步深入开展城乡社区可持续总体营造行动的实施意见》（成都市民政局、成都市委组织部、成都市委社治委，成民发〔2018〕8号）中明确推动形成以居民为主体的集体行动，实现社会组织在社区参与式陪伴，并通过社工人才对居民骨干进行能力建设，整合社区资源支持居民组织化参与社区公共事务。

如图4-4所示，成都市的城市社区更新根据市、区、街道和社区四级运行体系结构，结合成都市城市社区自身特点，建立社区更新的协同体系，强调党建引领、政府主导，各个区、街道和社区创新方法和机制，形成通过市场运作、公众参与各个主体协同进行社区更新的机制。

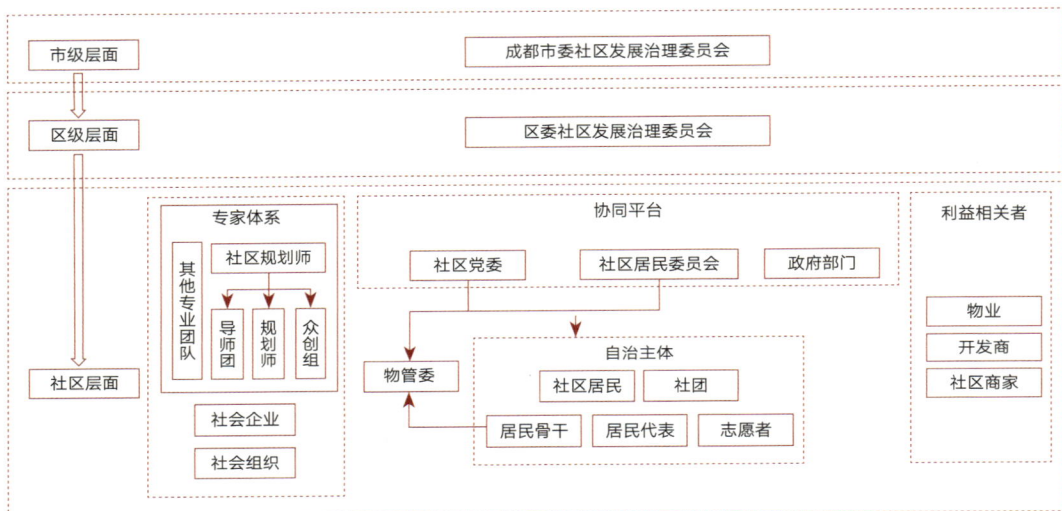

图4-4 成都市社区更新在四级运行结构上建立的协同体系

4.4.1 成都市推动协同的主要策略

4.4.1.1 培育多元主体，增强社会协同

城市社区更新是一种持续性、常态化的工作过程，也是多主体协作的长期过程，涉及社区全体成员的共同利益，达成共同认知困难，容易激发矛盾。培育多元主体积极参与、沟通协商的协同环境和机制是增强社会协同效应的首要策略。

（1）建立社区社会组织孵化平台

成都市鼓励各区建立社区社会组织培育孵化平台，制定完善孵化培育、人才引进、资金支持等扶持政策，落实税费优惠政策，发展在城乡社区开展纠纷调解、健康养老、教育培训、公益慈善、志愿服务、防灾减灾、文体娱乐、邻里互助、居民融入及农村生产技术服务等活动的社区社会组织和其他社会组织。

2018年，成都市社会组织培育基地成立，旨在建立统筹全市社会组织发展大数据，优化全市社会组织孵化体系，整合社会资源。2019年，"成都市支持性社会组织平台培育与发展计划"启动，以推动成都市社会组织战略统筹和整合资源、交流互动。同时，以此为契机，搭建"成都市支持性社会组织支持网络"，改善社会组织发展困境，完善社会组织内部治理结构，健全各种外部监督机制，促进社会组织行业的整体发展。

另外，各区也积极建立社区社会组织培育孵化平台。如2010年，成都首个区级社会组织的孵化平台——锦江区社会组织服务中心正式对外服务，其一个重要功能就是对社会组织进行培育。2016年，成华区在区民政局指导下构建了社会组织孵化园，为社会组织提供政务服务、党建引领、能力建设、资源链接、宣传推广、多元督导支持、区域公益研究、公共空间等多项服务。

2015年武侯区建设了社会组织孵化基地——武侯社会治理创新服务园。对入驻社会组织提供全方面培训，同时提供免费办公场地与能力建设、资源平台等，专门培育和孵化具有创新性和发展潜力的社区公益组织，培养社区组织骨干力量。截至2019年，武侯区引进和培育社会组织1800余个、专业社工人才600余人，构建社区、社会组织、社工人才"三社联动"机制。在区级层面率先成立四川省首家社区发展基金会，设立区级社区发展基金，建立社区微基金46支，培育孵化种子型社会企业50余家，通过引入社会企业等落地社区，实施助残、养老等社会企业项目20个，增强社区持续发展"造血功能"。

（2）建立多元主体共建共享机制

成都市近些年积极建立多元主体共建共享机制，引导驻社区单位、社会力量参与城乡社区治理。包括广泛开展城乡社区与驻社区单位双向服务，建立驻社区单位参与社区治理的责任约束和评价激励机制，如成都市武侯区吸纳920余家驻辖区单位和"两新"组织为成员单位，推选540名党组织负责人为兼职委员；街道、社区分别与驻辖区各领域党组织签订共驻共建责任书和项目协议，年均开展签约共建、项目认领、结对帮扶等活动3000余个，同时还推行街道社区与驻区单位、联系区级部门双向评议，建立以社区居民满意度为主要标准的社区治理评价体系，每半年开展一次互评，凝聚共建意识，提升共建实效；支持建立社区老年协会参与社区治理；按照问题导向、需求对接、项目运作的要求，成都市通过创新'三社联动'机制，着力深化完善'一核多元、合作共治'新型基层治理机制，探索打开社区总体营造、社会总体发展的新局面，形成社区组织发现居民需求、统筹设计服务项目，社会组织、社会工作服务机构承接项目，社工团队执行项目、面向社区实施项目的联动机制，提升社区治理专业化水平。其中武侯区"三社联动社会化参与机制建设"、温江区"343社区协商共治机制"先后被民政部评为2014年度和2015年度"中国社区治理十大创新成果"。

4.4.1.2 丰富活动载体，增强参与能力

成都市还通过丰富活动载体，加强基层民主协商，提高社区居民议事协商能力，增强各主体的参与能力。凡涉及城乡社区公共利益的重大决策事项、关乎居民群众切身利益的

困难问题和矛盾纠纷，原则上由社区党组织、基层群众性自治组织牵头，组织居民群众协商解决。政府通过支持和帮助居民群众参与协商活动，养成协商意识、掌握协商方法、提高协商能力，推动形成既有民主又有集中、既尊重多数人意愿又保护少数人合法权益的城乡社区协商机制。有的社区创新方法，以积分制等方式探索将居民群众参与社区治理、维护公共利益、志愿服务等情况纳入社会信用体系，发现和宣传社区诚信道德模范、好人好事，鼓励开展信用户、信用社区评定活动，褒奖善行义举，引导社区居民崇德向善。拓展流动人口有序参与居住地社区治理渠道，丰富流动人口社区生活，促进流动人口社区融入。积极引导驻社区单位将文化、教育、体育等设施逐步向社区居民开放，增强社区吸附居民的能力。

4.4.2 成都市各区特色协同机制

4.4.2.1 四社联动机制

成都市构建基层党组织领导下"以社区为平台、社会组织为载体、社工队伍为支撑、社会服务企业协同参与"的四社联动机制，加大社会组织培育力度，加快提升专业社工队伍规模和质量，以公益创投大赛等项目为抓手，为社区居民提供更全面更多样的服务。鼓励开展校地合作、社区名家工作室、群团共建等项目，不断拓展社会力量参与渠道。整合优化志愿服务网络平台，建立社区志愿服务统筹机制，完善供需对接机制，实现社区志愿服务"一月一主题、周周有活动、人人可参与"。

4.4.2.2 "导师团—设计师—众创组"三级队伍体系

成都市成华区在全国率先构建社区规划"导师团—设计师—众创组"三级队伍体系。

（1）设立社区规划导师团

由区委社治委牵头，规划、建设、民政等职能部门负责，以区政府名义聘请规划建设、景观设计、城市文化、社会工作、社区营造等领域资深专家组成"成华区社区规划导师团"，主要负责编制社区规划设计相关技术导则，对各街道推荐的社区品质提升项目设计成果进行专业评审，并对相关职能部门和社区设计师、社区工作者、社会组织、社区居民等进行项目规划设计的实操培训。

（2）聘请社区规划设计师

由各街道作为主体，分别为所辖社区聘请具备城市规划、景观设计、项目建设、社会工作等领域专业背景或从业经历的人员作为社区规划设计师，为社区发展建设提供规划设计方面的专业指导和服务，牵头编制所在社区品质提升项目设计方案，配合编制社区提升发展方案。

（3）组建社区规划众创组

由各街道牵头，在各个社区选择有意愿、有情怀、有能力的热心人士、专业人士和能人贤人（包括社区"两委"成员、社区工作者，以及具备一定规划设计、项目建设、公益运维等背景经验的社会组织、社会企业、社区居民、志愿者等），组建社区规划众创组，主要负责常态化走访收集社区居民意见建议，定期梳理社区发展建设中的差距短板，在社区"两委"带领下编制社区提升发展方案，积极协助社区规划设计师做好社区品质提升项目设计方案编制，调动社会资源参与社区品质提升项目的后期运维管理。

4.4.2.3 党建联席会议和兼职委员制度

成都市多个区建立街道社区区域化党建联席会议和兼职委员制度，吸纳企事业单位党员担任社区兼职委员，选拔优秀社区党组织书记兼任街道党工委委员。以社区更新项目为载体，推动企事业单位和社区党组织结对共建，签订共建协议、认领项目，促进驻区单位与社区的融合和参与。

4.4.2.4 商居自治联盟

成都市多个区针对"商居混合"社区，结合辖区商家云集和居民需求多样化特点，将党员、居民、商户、执法部门、两代表一委员等多元主体组建商居自治联盟，化解商居矛盾纠纷，实现商铺与居民、职能部门之间的共建、共商、共享、共融"联盟"功能。成华区多个社区还推出"志愿积分银行"和"社区公益集市"活动，集市销售的产品额的3%~5%注入华林社区公益基金，该基金用于开展社区营造项目，实施公益慈善项目等，为商家、居民搭建平台，社区志愿者、居民、商家、公益组织之间加深了沟通与交流，实现了资源共享。

4.4.2.5 "物管委 + 社团"——以社区为主的物业管理小区综合治理机制

成华区锦绣社区工作人员、居民骨干和党员骨干组成"物管委"，设立在社区居民委员会下，主任由社区居委会主任兼任。"物管委"包含业务指导、监督管理、矛盾调解三项主要职能。具体实施中，"物管委"对社区物业公司和业主委员会的工作开展进行指导和监督，调解社区物业纠纷，引导社区居民依法、有序、理性地参与物业管理事务，增强"物管委"对物业公司和业委会的制约，监督社区管理服务的多个参与主体；同时培育本土环境和物业服务的专业社团——锦绣社区环境和物业咨询服务中心。社团按居民需求承接社区物业管理相关的知识宣传、环境整治、指导业务会组建、物业法律咨询等具体服务内容，"物管委"负责指导监督社团开展相关服务。

"物管委+社团"的模式一方面保证了"物管委"在社区党委的指导下开展社区物业管理和服务的工作；另一方面也促进了社区居民在社区治理中的有效参与，避免社区"两委"在调解物业纠纷中与物业公司和社区居民可能引发的直接矛盾。

4.4.2.6 商企联盟机制

成都市多个区均构建"商企联盟"。商企提供积分，居民志愿者以服务换积分，再用积分换取商家提供的服务。通过"社区党委+重点企事业单位+爱心商企单位+一般商企单位"的四层管理互动体系，提高辖区商企、居民、社会组织等对社区的认同感和归属感，实现共同参与社区治理的目标。

4.4.2.7 "众创联盟"

成都市成华区借助于社区议事会、社区规划众创组、业委会、文体协会等自治组织，组成社区"众创联盟"。针对群众感兴趣的物业、小区环境、公共空间等问题，邀请相关专家参与，共同解决问题，实现社区更新过程中的多方参与。

4.4.2.8 设计美好社区指标，以评促建

成都市成华区作为成都市管辖面积最大的城区，空间的差异性增加了治理的难度。成华区构建的"美好社区"评价体系，是在以居民为中心、以需求回应为导向的理念下设计形成的，其指标体系旨在为成华社区治理发展提供更为清晰的且具有普遍意义的评价标准。社区基于居民问卷、政府问卷、客观数据、神秘顾客、数据爬取五大数据来源的复杂算法测算得出美好社区指数得分并进行相关分析，找到各街道社区在社区发展治理中的特色和短板，在下一阶段的工作中针对性地发扬特色，补齐短板，加强精细化治理，促进均衡性发展。

专栏4-5

成华区和美社区党委借助于社区议事会、社区规划众创组、业委会、文体协会等自治组织，招募辖区20名有情怀、有能力的居民成立社区规划"众创联盟"，紧紧抓住群众感兴趣的物业、小区环境、公共空间等问题，并用"专家+社团"的方式陪伴，共同解决问题。

"锦绣乐园"由和美社区众创联盟打造，得到了辖区单位、居民和街道的一致好评。"锦绣乐园"开展了丰富的娱乐活动，

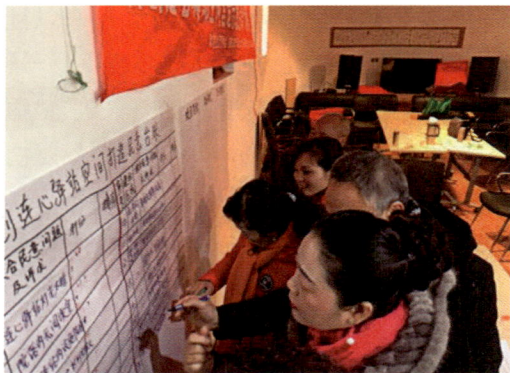

专栏4-5图1 居民用打分法确定项目打造意见执行顺序

拉进了居民之间的距离，营造了和睦温馨的社区氛围。同时，和美社区发动居民参与首创连心驿站空间打造意见众创讨论会，带领居民用"打分法"确定21个项目的打造意见执行顺序。

"众创联盟"不仅从形式上联合了社区多方参与，更凝聚了人心，汇聚了力量，社区居民参与社区发展规划的热情高涨，编制、设计、打造10余处社区"微更新"新场景。

4.5
成都市城市社区更新的实施保障体系

4.5.1 资金保障

▶　　社区保障资金是成都市区两级财政安排给社区，用于社区公共服务和发展治理项目的专项资金。区委社治委和区社会组织联合会共同制定了区社区发展治理专项保障资金使用手册，对市区文件进行细化量化，以指导保障资金的使用。

　　结合各区实际，按照"居财居管"原则，由社区党组织和居委会带领社区居民进行民主提议、民主决议、民主实施、民主评议、民主监督。其中，区委社治委、区财政局、区审计局是社区保障资金拨付管理的责任主体，负责资金保障、政策制定、指导监督、宣传培训、审计督查等工作。街道是社区保障资金管理使用第一责任主体，负责教育培训、宣传指导、监督管理等工作，强化对项目重点环节特别是项目实施范围、程序、公开情况的全方位监督。社区居委会是社区保障资金管理使用直接责任主体，在街道和居民监督下，按照规定程序和有关规定用好资金、提高资金使用绩效。

　　同时各区建立社区保障和激励资金双轨并行机制。一方面调整社区保障资金标准，优化市级财政补助方式，提高资金管理使用绩效，资金拨付标准按城市社区基数10万元/年，根据社区常住人口数1500元/百人的标准增加。另一方面建立市县两级城乡社区发展治理专项激励资金，对工作成效突出的社区和街道给予优先支持。分级落实市、区（市）县、街道三级监管责任，发挥社区党组织领导核心作用，持续提高资金使用绩效。落实定期审计、第三方评估等监督方式，完善群众知晓率、受益居民满意度、项目绩效等为主要指标的考核评价机制。此外，还建立区社区基金会，鼓励各街道发展社区基金会。以公益创投、公服资金、社区基金"撬动"社会资源。

4.5.2 人力保障

4.5.2.1 社区专业社区人才队伍

成都市制定社区工作者人才发展专项规划和管理办法及社区工作者由区统筹选聘、街道考核评价、社区管理使用等机制，提升社区队伍专业化建设及规范化管理水平。

（1）岗位与薪酬

岗位主要包括社区党组织和居委会委员，落实社区工作者员额控制及岗位等级序列办法，社区党组织书记、社区居委会主任执行一级岗位报酬标准，社区党组织副书记、社区居委会副主任执行二级岗位报酬标准，社区党组织、社区居委会专职委员执行三级岗位报酬标准。报酬实行岗位等级与考核衔接，动态调整的制度，由固定补贴、绩效奖励两部分构成，确保人均收入高于当地上年职工平均工资水平。固定补贴和绩效奖励总量根据岗位报酬参照值确定。对纳入员额控制的社区工作者职业薪酬予以全额保障，逐步实现以社区工作者实际收入为基数、足额缴纳社会保险和住房公积金。建立优秀社区党组织书记任街道兼职委员并给予一定补贴等制度。各区委社治委、区民政和社会组织局负责社区"两委"成员岗位报酬管理工作；区人社局依据成都市上年职工平均工资核定各岗位固定补贴年标准；区财政局加强财政保障，将社区"两委"成员经费纳入每年财政预算安排，及时足额拨付相关经费；街道严格按照规定和要求兑现社区专职工作者待遇，切实保障其权益。

（2）人才培养与提升

成都市通过建立健全社区工作者全覆盖多层次培训体系，鼓励社区工作者参加社会工作职业资格评价和学历教育培训，并推行社区党组织书记后备干部递进培养和导师制度。有计划选派机关事业单位优秀年轻干部到社区挂职锻炼，鼓励大学毕业生扎根社区工作。

（3）网格员社会化

通过政府购买服务等方式，将社区网格员队伍交由社会组织专业培训和规范管理的新途径，提高社区网格队伍专业化建设水平。

（4）表彰与奖惩机制

通过建立健全基层干部容错纠错机制和奖惩机制，开展先进社区组织和优秀社区工作者评选表彰活动，以增强社区工作者的职业荣誉感和工作积极性。

4.5.2.2 社会义工

各区制定了党员义工服务机制，整合全区各级党员干部、各类机关党员志愿者等资源。如成华区组建党员义工联盟，推行1名党员义工定点一个社区，每年开展公益服务不低于12天的"1112"机制，以党员义工引领社会义工发展，制定鼓励社会义工组织发展的措施办法，建立区级义工服务中心、街道义工服务站、社区义工服务队的三级服务网络，打造全区统一的社会义工网络平台，开展扶困助残、结对帮扶、文明倡导、科普咨询、法律援助等义工服务，更好地实现社区居民需求与义工服务体系有效对接。同时进行激励机制创新，探索"时间银行""义工积分制"等激励机制，让义工享受到政治和社会荣誉以及就医、入学、入户等方面优待。开展"最美义工"评比活动，形成全社会自觉参加义工服务的氛围。

4.5.2.3 社会组织扶持发展计划

成都市制定并实施社会组织扶持发展计划，设立市级扶持社会组织发展专项基金，鼓励区（市）县对社会组织发展进行专项投入。计划截至2018年，市县两级全部建立社会组织服务平台，街道全部建立社会组织服务平台，市级专项基金扶持社会组织项目不低于310个，全市专业社工人才增加20%；2019年乡镇社会组织服务平台建设达50%，市级专项基金扶持社会组织项目不低于150个，专业社工人才增加20%；2020年乡镇（街道）社会组织服务平台全覆盖，市级专项基金扶持社会组织项目不低于150个，专业社工人才不低于1万人，平均每个社区专业社工人才不低于2人，社会组织服务更加专业精准。

4.5.3 技术保障

成都市各区进行运行情况数据采集整合，强化信息的大数据分析应用，融合应用物联网、互联网、云计算等技术，实施智慧城区打造计划。实施网络等基础设施建设，建设公共区域无线网络覆盖，推动光纤宽带"千兆到户、万兆进楼"。依托"大联动"信息平台推动智慧城市建设，创新实行网格员队伍清单式定责、社会化管理、专业化培训，提升网格化服务专业度和精细度，为社区发展治理提供科学高效的技术支持。

4.6
成都市成华区城市社区更新的实施概况

► 成都市区一级的城市社区更新政策体系，均基于区一级的具体情况与问题而制定，并强调策略性与可实施性。以成都市成华区为例，对成都市区一级的实施性政策进行评述，可以看出社区更新过程中四级体系的体现与发展。在成都市主城区中，成华区具有独特性与复杂性，是成都"中优"城市发展策略的重要阵地，目前社区治理的多个方面已经取得了有代表性的成果和经验。

4.6.1 成华区社区发展概况

成华区是成都市面积最大的主城区，辖区面积110.6平方千米，辖11个街道办事处、57个社区，2019年末成华区有常住人口96.02万人[①]。成华区为成都东郊老工业基地，早期以单位社区为主要社区类型。城市转型发展过程中，社区情况错综，人口结构复杂，居住品质较差。

总体来说，成华区的社区发展面临以下几个方面的问题：

首先是社区空间质量问题。在经历早期的整治之后，目前的成华区仍有不少断头路、棚户区、老旧院落、脏乱小巷"犬牙交错"和"插花分布"的现象，城市二元结构依然明显。而现存的空间资源配套不足、布局不均衡以及城市文化缺失等问题，也是缩减成华不同类型空间质量的差距、促进城市空间均衡发展与有效融合的阻碍。

其次是社区人口结构转变带来的问题。伴随着城市化产生的二元结构，成华区人员转变为"20万产业工人+20万农民"；之后又由于外来人口的大量聚集，原工业企业的"单位人"逐渐转变为"社会人"，早期成华以"熟人社会"为主的社会格局也开始演变为"陌生人社会"。如今，由于城市发展的需要，大量的人才引进优化了成华区原先的人口结构，但是全区的利益格局也变得更加复杂多元。在此背景之下，成华区面临单位型住区与商品房住区的协调需求、社区空间协调需求，还承载着空间优化与融合过程当中"社区人"的融合以及社区体制的融合等现实问题。

同时，成华区的社区治理模式尚不完善。成华区下属社区的属性往往并不是单一的，主要由老旧小区、安置小区、企业生活区、新建小区当中不同类型的小区组成。其中，安置小区与新建小区很大程度上直接由政府管理，之后也逐渐发展为自上而下与自下而上相结合的治理模式；而个别老旧小区与原单位社区在由地方政府介入管理的过程中，原管理组织交接不当，会出现短期无人管理的状态；而在更新实施阶段，由于社区居民长期处于自上而下的管理中，以至于在转变为自下而上的治理时，居民对社区公共活动的参与度不高，自治意识不强，自治能力不足。

针对以上问题，在四级更新政策体系的保障下，成华区自上而下推进社区更新工作，并且取得了一定的成果。2013年，成华区开始了为期3年的老旧院落整治工程，并自主提出《成华区老旧小区（院落）整治改造技术导则》[②]，已经根据当地具体情况针对小区风貌、建筑质量、社区空间等做出相应的工作。

社区配套建设方面，成华区在成都市"中优"战略的推动下，在道路工程、教育配套、医疗卫生等方面都有显著成效——成华"15分钟交通圈""15分钟公服圈""15分钟公园圈"都初见雏形。特别在2016年，成华加快推进医疗体建设，联合四川大学华西医院在全省率先试点"互联网+联合门诊"新模式。这一举措，使成华区在成都市乃至全省都起了一个良好的示范作用。

---

① 成华区人民政府网http://www.chenghua.gov.cn/chqrmzfw/c138092/2020-09/22/content_19cdb05e996345c3b1d1f04e4cb79fe9.shtml。
② 该导则是根据中共成华区委常委六届第63次会议的要求，由成华区建设局负责制定，符合成华区实际整治改造的指导性规范标准。

在社区治理模式的优化方面，成华区积极响应试点城市社区居民自治的治理模式，加强社区居民自治制度的建设。同时，在市政府《关于进一步做好全市物业管理工作的意见》指导下，提出《关于加强成华区老旧院落物业管理的意见》，在完成物质空间更新改造的基础上也提升老旧院落物业管理的水平。

成华区基于自身的治理现状以及上级政策的相关引导，形成自身的政策体系，来解决现存问题，促进可持续发展。

4.6.2 成华区城市社区更新政策的体系建构

20世纪90年代末到21世纪初期成华区刚步入社会转型，社会力量与社区自治能力都还不成熟，依然要依靠政府的力量大力推动社会发展。在成都市"中优"战略的总体推进下，成华区依托上层级相关文件，制定相应的更新策略，有效提升现有短板，实现持续优化发展。

中央、省、市层面文件的整体发展脉络已明确指出当下社区治理工作的原则：党的十八大、十九大报告均明确在"党委领导、政府负责"的基础上推进社会多元参与体系。其中，居民和社会组织都将作为协同者和参与者，在党建引领下推动政策文件的合法实施，建立政府、社会、群众共治的联系网络。在此基础上，成华区提出"成华区社会组织孵化体系""成华区的基层引导组织架构"以及"成华区行动四大保障机制"等相关政策实施支撑办法。

成华区城市社区更新政策目标的提出承接了成都市公园城市建设与社区发展治理的战略要求，建设高标准绿色宜居社区，明确社区未来的发展治理方向（社区品质提升、社区功能优化等）。

一方面，成华区社区发展治理将依照成都市的政策性总体布局推进；另一方面，在落实上层政策的基础上，成华区秉承成都市创新型发展理念，结合自身情况提出相应的空间政策与专项行动，如表4-2所示。

成华区城市社区更新政策与相关治理行动 表4-2

时间	成华区空间政策与治理行动
2013年10月	《成华区老旧小区（院落）整治改造技术导则》
2017年7月	背街小巷品质提升7大工程《成华区社区发展治理"五大行动"三年计划》
2017年9月22日	成华区公共配套设施"三年攻坚"行动计划
2017年11月10日	《成华区关于深入推进社区发展治理建设高品质和谐宜居生活社区的实施意见》
2017年11月	特色街区创建行动
2017年11月10日	《成华区社区发展治理"五大行动"三年计划》
2017年	"公共空间品质提升"工程
2017年11月12日	"两拆一增"专项行动
2017年	文旅成华专项行动
2019年4月	成华区"平安社区工程百日攻坚行动"

从政策内容来看，成华区的相关空间政策、配套支撑体系以及政策的实施环境等共同形成成华区的空间政策体系，主要包含发展目标、工作组织架构、工作保障机制及具体实施策略四大部分。

4.6.2.1 发展目标

2018年，成华区响应成都市提出的"城乡社区发展治理30条"，结合不同社区空间的主要治理需求，确立城市社区更新政策体系的目标，分为社区功能完善、社区安全提升、社区环境优化以及社区文化延续4个部分（图4-5）。

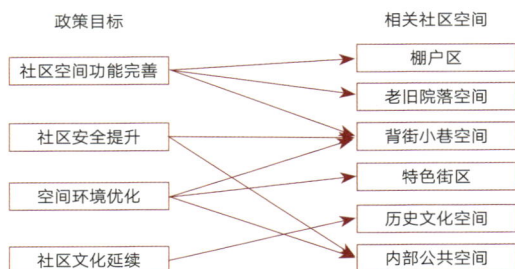

图4-5 成华区城市社区更新政策目标体系梳理

4.6.2.2 工作组织架构

成华区在党建引领的基础上，提出社区多元共治的工作模式。具体有以下几个方面：

（1）政府让权

在更新工作中，尽量减少政府对社区行政工作的干预，而突出政府引导与协助、服务与监督的工作。在工作总体层面通过社治委体制与街道办共同推进、引导社区发展治理工作；社区则以社区两委为主导，发挥党组织在其中协调、组织、服务与引导的作用，形成社区党委、街道党工委、社区党组织以及驻区单位党组织多层级的联动工作机制。另一方面，成华区放权至社区，强化社区自治的工作模式，包括人员、资金、资源等多方面自主管理。

（2）众创组参与

众创组是由各街道牵头，在各个社区选择有意愿、有情怀、有能力的热心人士、专业人士和能人贤人（包括社区"两委"成员、社区工作者，以及具备一定规划设计、项目建设、公益运维等背景经验的社会组织、社会企业、社区居民、志愿者等）所组成。在社区日常管理当中，社区两委会带领众创组成员编制社区规划方案，另外众创组成员也参与项目后期的运维管理工作，主要负责常态化走访、收集社区居民意见，定期梳理社区发展建设中的不足。

在此基础上，成华区实施规划师工作制度，全面推行"导师团—设计师—众创组"的三级社区规划师工作队伍，推出"奖优励先"的社区规划成果落地机制、"齐抓共管"的社区规划建设责任体系。

（3）社区治理组织的培育与整合

成华区以社区为主体，整合培育社区自治组织、行政组织、社会企业、社会组织等，通过不同组织间的资源整合与合作互动。在社会力量参与层面，推行社会组织服务购买以及社会企业培育发展等实施手段，以加强社区的服务质量；同时鼓励社区群众积极参与社区服务团队，从群众角度协助社区工作。

（4）网格化管理

为了提升对社区的精准化管理，成华把全区113个社区以常住人口500~800户标准，划分为930个一级网格，正式社区和建制村共划分网格965个，率先在全市建立起专职化与专属化的网格员队伍。

在公共服务设施"三年攻坚"行动[①]的指导下，成华区推进"大联动·微治理"，进行社区网格员市场化管理和"巡办分离"综合改革。除此之外，还有志愿者、高校组织等多方力量共同参与成华区社区治理工作。

成华区城市社区更新政策实施的组织体系较完善，如图4-6所示，各参与者之间虽然存在利益关联，但在基层党组织以及相关工作机制的协调之下，始终能够保证社区得到较为和谐有效的治理。

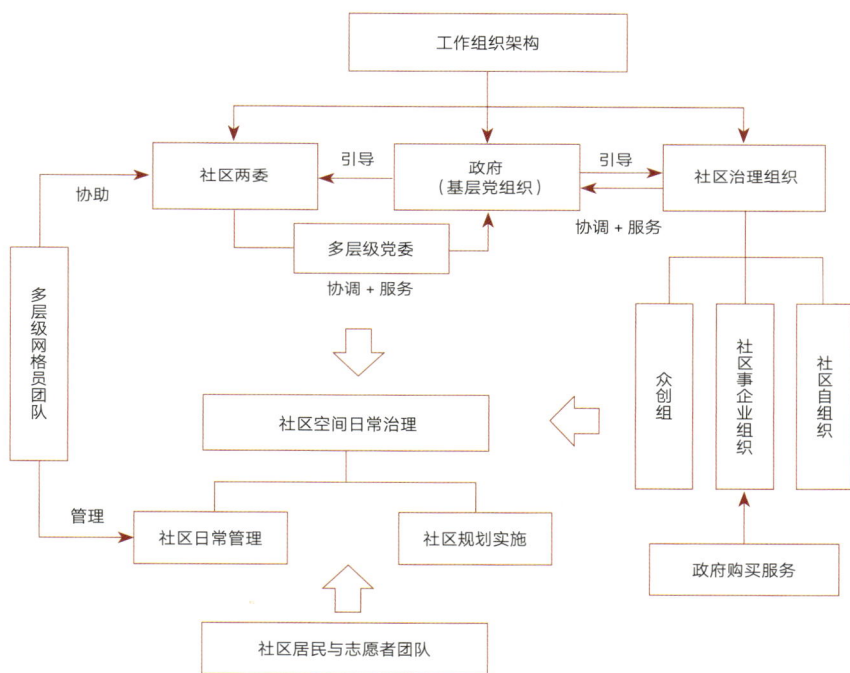

图4-6 成华区城市社区更新政策实施组织架构

4.6.2.3 工作保障机制

为健全社区工作组织架构、有效实施更新手段以及实现政策目标，政策还提出相应的工作机制予以充分保障：

（1）制定社区发展治理工作联席会议制度

从总体层面来看，成华将在上级政策引导下强化区县党委、街道党委、社区党组织不

---

① 公共服务设施"三年攻坚"行动（2017年）：成都市以市民需求为根本取向，在未来三年，对8大类（包括教育、医疗卫生、文化、体育、行政管理、社区服务、市政公用、商业服务）18项公共服务设施分区、分类、分年度进行攻坚建设。

同层级的堡垒作用，积极落实社区发展治理工作联席会议制度，以加强协调沟通。

（2）制定引入与发展社会企事业办法

为了吸引社会企事业的加入，并保证高效的工作质量，成华区制定了相关的服务购买机制以及服务优化办法。

首先，为推进社会组织积极参与社区治理，以及政府有效购买社会组织服务等工作的有效进行，成华区发布《成华区政府向社会组织购买服务实施方案》；此外，成华区完善相关采购文件的编制管理以及适当的购买方式选择机制。在社会企业培育工作中，成华区制定出台《关于培育社会企业促进社区发展治理的实施意见》，以"出台一个扶持政策、设立一支专项基金、建设一个孵化平台，N个社区工作站"为主要着力点（区委社治委构建的"1+1+1+N"模式），加快建立社会企业扶持培育机制，致力于培育出有一定规模的社会企业。除了加强对外宣传与推行"1+1+1+N"的实施机制以外，成华区还基本形成鼓励社会企业有效参与社会治理的支持体系。

其次，在完善整体管理体系的基础上，加强社会企业综合服务平台的建设。为促进社会组织提供更良好的服务，成华区还建立公共服务需求征集机制，并完善"区、街道、社区"三级社会组织培育发展服务体系；制定"1+5+N"配套文件以提供一定的政策保障，通过构建服务平台等方式完善各项扶持机制以及社会组织与其他治理主体之间的互动机制。

（3）社会组织的发展模式

为激发社区社会组织活力，成华区推进社区、社会组织、社工三社联动，在此基础上还成立了专门科室负责全区社会组织的统筹规划、协调与管理等工作。

另外针对社会义工组织、社区规划师团队以及相关志愿者队伍实行以下工作机制：

首先，成华区提出由党员义工引领社会义工的工作模式，建设多层级的义工服务网络。探索成华党员义工服务机制，整合全区各级党员干部、各类机关党员志愿者等资源，组建成华党员义工联盟，推行1名党员义工定点一个社区，每年开展公益服务不低于12天的"1112"机制。

其次，成华通过挖掘以及对内培养，选择当地人才担任社区规划师，形成规划师扎根社区、服务社区的格局；同时通过购买服务等方式对外招聘业绩突出、能扎根社区植根群众的规划师。

最后，社区向周边高校或面向社会召集相关志愿者，引导党员、中小学生、机关企业事业单位人员等积极参与。社区将培育志愿者服务组织，建立多类专业社区志愿服务组织，并将社区志愿者服务情况纳入社会信用体系，探索"时间银行"等激励机制；为提升志愿者参与服务的力度，2018年成都市开展修改《成都市志愿者服务条例》的立法调研工作，已基本对全市志愿服务网络平台进行了整合。

（4）社区专职人员管理机制

通过政府购买社会服务等方式，建立将社区网格员队伍交由社会组织专业培训和规范管理的新途径，提高社区网格队伍专业化建设水平。另外，对于社区专职人员的管理，成华区制定社区工作者人才发展专项规划和管理办法，同时将完善社区工作者由区统筹选聘、街道考核评价、社区管理使用等机制，提升社区队伍专业化建设与规范化管理水平。

（5）资金投入保障

在资金筹集方面，相关政策强调要完善多方投入的机制来保障整治工作中的资金来源。政府将以登记扶持、项目补贴、公益创投、以奖代补、购买服务等多种方式同时进行；政府还通过完善金融支持政策（银行金融机构与股权基金）、落实财税及行业支持政策等方式保障项目推进过程中的资金供给；同时，鼓励建立社区发展基金/微基金，由政府与社会共同投入以引导社会资金与群众自筹资金也投入社区发展治理工作当中。

在资金使用与管理方面，成华区主要以成都市颁发的《成都市成华区社区发展治理专项保障资金管理使用办法（试行）》为依据，规范社区保障资金的使用。该资金将用于党组织服务群体、社区志愿服务工作、社区公共服务和发展治理等项目。在遵循该办法的基础上，成华区还分级建立社区发展治理专项资金，保障社区重要工作的顺利推进。

为了保障各项机制与实施体系的顺利推进，成都市也已将"五大行动"工作纳入实际目标考核内容。成华区在大力整治社区空间品质的同时也将遵循市层面的相关考核意见，以实现迅速推进、有力改革、群众满意的整治目标。

4.6.2.4 具体实施策略

成华区针对不同的社区类型，制定相应的治理策略，如图4-7所示。主要从完善公共服务功能、完善市政基础设施、健全社区空间治理组织架构、完善社区公共空间、街区风貌改造、文化保护与功能升级等方面实施社区的更新。

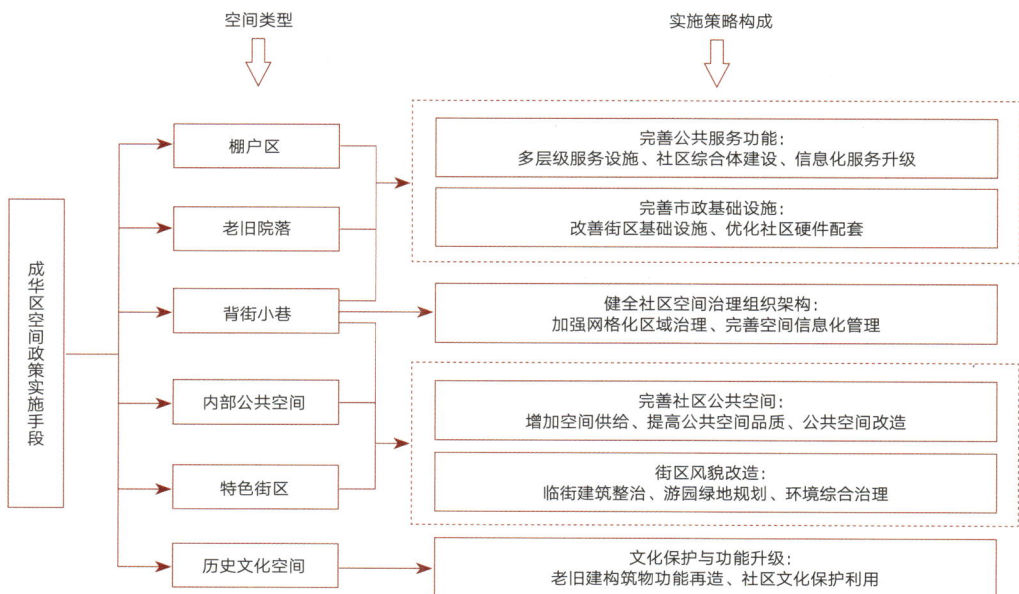

图4-7 成华区城市社区更新政策引导下的实施策略框架

4.6.2.5 成华区城市社区更新政策的实施要点

成华区通过以下原则来确保城市社区更新工作的方向与效率：

（1）坚持党建引领，完善多层级管理体系

在政策实施的过程当中，成华区以党建引领为基本工作原则。实施前期健全多层级的管理体制，从市、区、街道、社区以及各网格多层面加强党群覆盖率，并通过不同制度推进基层管理体系的工作；实施中期加强党组织在不同层面的引导作用、参与力度以及保障体系的绩效。

（2）坚持"以人为本"，健全社区自治机制

"五大行动"是成华区城市社区更新策略的主要依据，它明确了空间整治实施体系要解决与人民群众切实相关的问题，从空间环境、服务品质等方面都要遵循"以人为本"的基本原则。为了实现政策目标，社区需要通过加大领导力度、完善自治机制、丰富资源投入渠道等方式，引导社区居民的积极参与、增强居民的主人翁意识，从而提升居民对社区更新治理的满意度。

（3）以具体实施体系为核心

通过前文的梳理可知，成华区城市社区更新政策体系具体是由明确的政策目标、完善的工作架构为基础、全面的空间整治实施体系为核心、工作保障机制为补充构成的。

如图4-8所示，在成华区城市社区更新政策当中，每一专项行动都由其具体实施体系与两级保障体系构成，由此构成健全的空间整治实施体系——政策手段为核心，完善的工作组织架构以及其他相关政策、工作制度的完善作为推动政策顺利执行的保障，由此构成了三级政策框架。

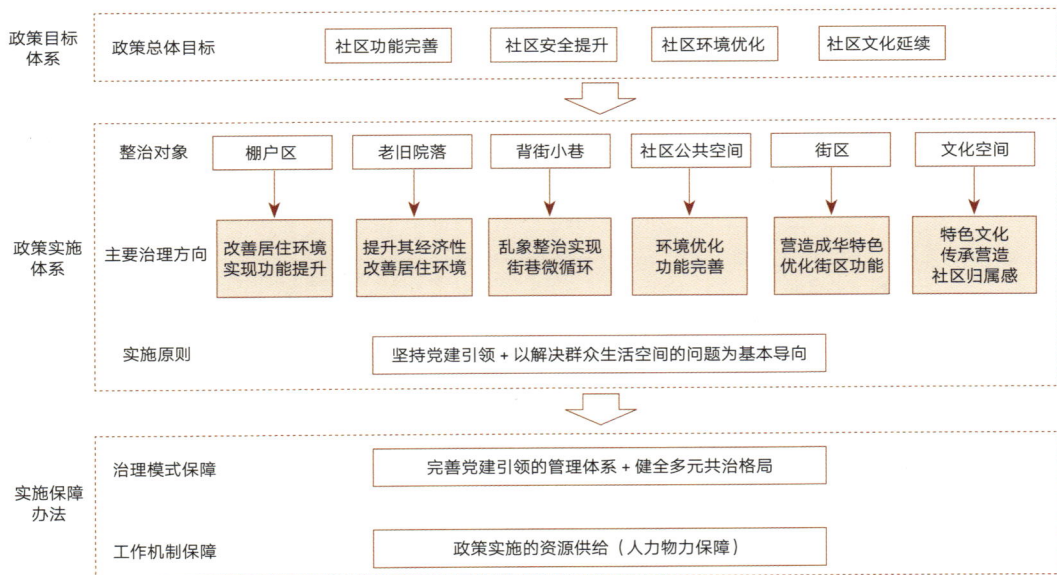

图4-8 成华区城市社区更新政策框架

4.7

成都市城市社区更新实施政策分析——以成华区为例

4.7.1 政策分析方法

▶   城市社区更新作为存量时代解决城市发展与社会治理的现实路径，已经成为新时期成都市城市发展和社会治理的重要策略，其中不仅涉及经济、社会发展规律等，更包括具体政策的设计、组织、构建等。根据成都市城市社区更新的自身特点，主要由政府和社治委体系自上而下地全面推进和引导城市社区更新，政策体系作为城市社区更新工作的依据和工具，其设计、制定、实施直接影响城市社区更新工作的推进和目标的实现程度。

目前看来，成都市已有的政策有力地推进了城市更新过程中空间与社会实践相结合，从表象上直接反映在城市形象和社区品质的大幅提升。然而，实际调查中也发现政策的系统性、必要性、实施性等方面存在的一些具体问题。

S-CAD公共政策分析方法是一个分析政策利弊和成败的方法，相较层次分析法、数据包络分析法、模糊综合评判法、灰色评价法等量化政策实施效果的分析方法，S-CAD更具关注政策制定的具体内容之间的系统性和逻辑关联，其分析过程和结果更具客观性，在评价维度上更加完善，评价办法上更加简便。该政策分析法关注多元主体的利益，强调基于不同参与者的立场对政策评估结果进行检验。从基于社区层面的更新政策分析可以发现，成都市社区更新政策从制定到实施均较多关注群众以及其他主体意见，这应该作为政策分析的重要因素之一。

基于国内外当前政策评估标准的研究成果，结合成都市社区更新的政策特征提出以如表4-3所示的评估标准。

政策过程	评估要素	备注
政策制定	一致性、充分性、依赖性	目标手段与需求的一致、评估工作机制、政策工具是否充足、群众认可的预估
政策执行	政策影响	政策影响的预估（影响机制、绩效）
政策结果	效率、政策回应	政策目标的落实、群众满意度

在评估流程上按图4-9所示的框架进行。

成都市城市社区更新的政策体系落脚点和实施发力点在各区政府及相关机构。区一级城市社区更新的政策体系承接成都市社区更新的政策导向与工具支持，基于城市社区更新的政策结合各区的具体情况制定出符合区情的政策实施计划与创新方法。因此将政策分析的视点放在区一级的政策体系上既可整理出自上而下的政策脉络，又可清楚地评估政策实施的具体路径和方法的合理性与可操作性。本节仍以成华区为例对其实施性政策对象进行分析。

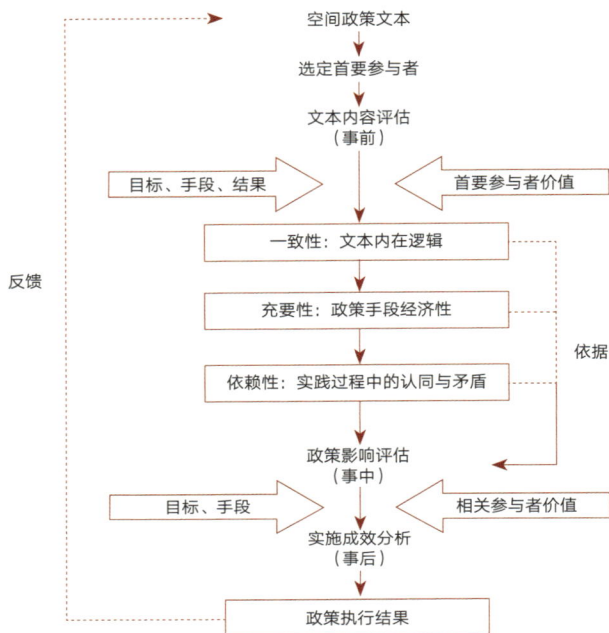

图4-9 政策分析框架

4.7.2 成都市城市社区更新政策评估要素

4.7.2.1 政策目标、政策实施手段以及政策成效

区一级城市社区更新政策影响要素为政策目标、政策实施手段以及政策成效三个方面。

（1）政策价值引导下的社区更新政策体系

成都市社区更新政策的实施过程当中，各级社治委在社区发展治理工作的开展、部署、实施、监督等方面起主导作用，为"首要参与者"；其他相关部门、社会组织等作为政策的其他执行者，在政策体系当中为"相关参与者"；社区居民一方面是社区治理的参与者，另一方面也是政策实施的受影响者，则是另一个重要的"相关参与者"。

结合上层相关文件的以及成都市成华区城市社区更新政策的具体内容，如图4-10所示，在S-CAD政策评估框架之下，区社治委的政治主导立场（价值观与价值）引导了成华区城市社区更新政策体系。

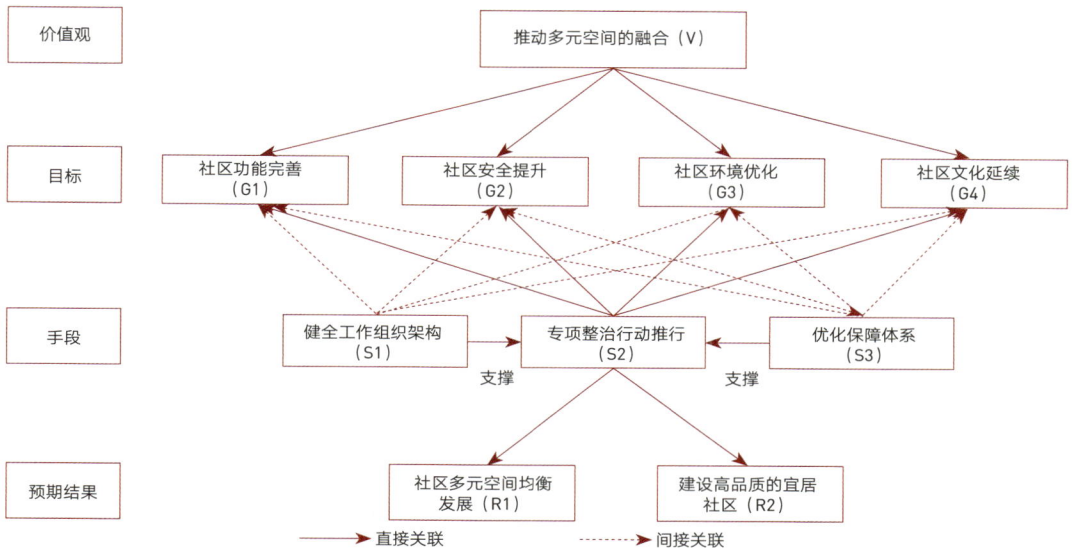

图4-10 适用于S-CAD分析法的成华区城市社区更新政策分析

（2）政策目标

成华区的社区更新政策体系是对空间品质提升与社区生活质量提升的引导；而空间政策目标是社区公共物品实现空间落实发展的明确方向。

成华区社区更新政策提出的目标主要包括：社区功能完善（G1）、社区安全提升（G2）、社区环境优化（G3）以及社区文化延续（G4）四个总体目标。针对不同的社区类型，上述四个目标还包含了多个具体目标：设施布局、功能改造、服务配套提升以及街区风貌优化等，以保证社区更新的精准性。

（3）政策实施手段

政策手段是政策执行者用以达成目标的工具，它可以作为一种调节政府行为的途径或机制，也是政策将其实质目标转化为具体行动的路径、技术或机制。城市社区更新的政策手段是为了解决不同阶段的更新问题或达成一定的发展目标而制定的具体实施路径与手段，它包括在政策执行过程中可运用的资源、辅佐执行的规章制度以及要达到的绩效水平等等，是政策与具体实施的桥梁。

成华区提出的治理办法针对原"老工业基地"的城市面貌，通过空间的有序治理，在城市功能、城市风貌以及人居环境等多个方面都进行有效提升，从而促进城市均衡发展与有效融合。

通过对成华区城市社区更新政策体系的分析可以发现：该政策的实施手段是以具体实施体系为主要策略，同时还包括组织架构的建立与政策实施保障体系的构建，共同形成政策实施手段。主要政策手段有三个方面：健全工作组织架构（S1），体现在政策实施过程中与多级社区管理体系（包括人力、物力等）构建、管理、强化相关的办法；专项整治行动推行（S2），以多元化空间治理实施策略为主；优化保障体系（S3），主要包括社会组织、社

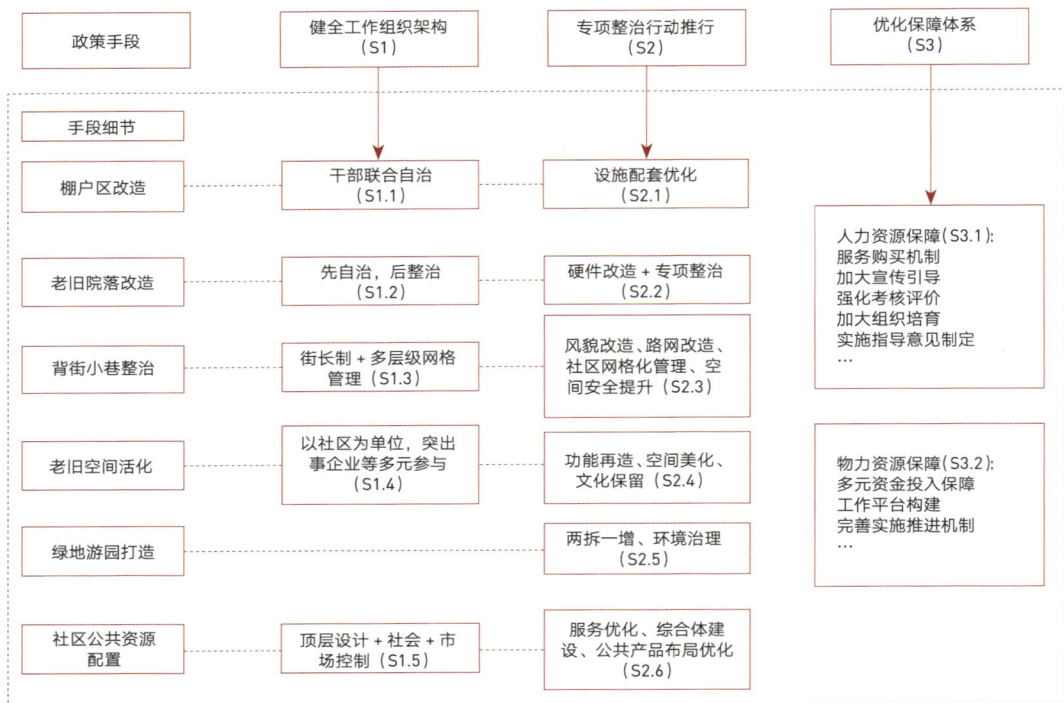

图4-11 基于S-CAD政策分析法的成华区城市社区更新政策实施手段

会企业的相关运维办法以及在政策体系执行过程中的资金保障体系。在成华区城市社区更新政策的具体实施策略基础上，成华区针对不同类型社区有相应的政策实施手段（图4-11）。

（4）预期结果

在区一级城市社区更新政策体系当中，预期结果基于两个层面提出：首先是基于区一级社区更新的现实背景与社区需求；其次是从政策价值与目标出发提出的预期结果，其表现为：社区多元空间均衡发展（R1）以及高品质宜居社区的建设（R2）。

4.7.2.2 政策要素评估标准

以社治委为首要参与者立场，结合前文提出的评估框架与标准，提出成都市各区的城市社区更新政策评估标准（表4-4）。通过一致性、充要性与依赖性分析，在此基础上对成华区城市社区更新政策文本的内在逻辑进行探讨。

区一级城市社区更新政策影响要素的关键属性识别   表 4-4

政策类型	评估要素	评估标准
调整型	政策目标	与发展需求是否一致、目标覆盖是否充分
政策手段		公共物品是否落实
调整型、引导型	组织架构体系	组织架构是否完善、多元利益主体之间是否协调
引导型、限制型	具体实施策略	可行性、针对性、全面性
引导型	实施支撑体系	工作机制是否充分充分性、实施是否顺利
成效反馈	政策实施结果	是否存在政策冲突

4.7.3 成都市的区级社区更新政策文本分析

4.7.3.1 社区更新政策的一致性

成都市一级城市社区更新政策要素的一致性分为两个层面。

首先政策目标与政策价值是否达成一致。成都市城市社区更新政策体系的政策目标作为自上而下引导社区发展与治理方向的"符号"，其一致性可以体现出自上而下的城市社区更新政策体系的发展目标与社区的根本发展诉求是否适应。

另外城市社区更新的政策手段与目标是否相适应。实施手段是社区更新目标落实的政策工具，如果手段与目标不能达成高度一致性，政策实施方向与目标引导方向则会产生偏差，从而影响社区更新政策实施成效。

（1）成都市城市社区更新政策目标的一致性

政策目标是成都市各区政府及相关机构部门基于成都市各区的现实问题所提出，它是对各区未来空间发展方向的引导。

以成都市成华区为例，当前面临的是社区基础设施老化、空间环境较差以及空间资源布局不均衡等问题。目前城市社区更新的空间基本目标是缩减不同的空间质量差距。成华区内不同的社区在城市化进程中经历了不同程度的影响，同时还保留着自身原有的特征，导致整体呈现属性多元化、品质差异化。基于此，政策需要针对不同类型的空间进行精准化治理，对社区品质、资源配套以及居民生活环境的整体质量进行一个基本把控。其次，再解决城市社区整体品质较低的问题。在保证设施不再老化、空间资源完善以及空间质量相近的基础上，整体进行社区的功能性改造以及成华特色文化的保留与利用。

秉持着推进多元空间融合（V1）的政策立场，成华区通过基础性治理与提升性改造相结合，从空间质量、空间功能性与成华特色发展出发进行空间治理。社区功能完善（G1）、社区安全提升（G2）与社区环境优化（G3）能够表征成华区的基础性治理方向；而社区功能完善（G1）需要有不同层级的具体目标，才能与社区文化延续（G4）引导提升性的社区更新方向。

综上所述，基础性的政策目标与成华区的发展需求是相适应的，而在未来发展阶段是否能持续引导，需要结合具体的实施影响进行剖析。

（2）实施手段的一致性识别

针对空间政策，政策手段的实施可以看作是社区公共物品实现空间落实的过程。政策手段是否适应成华区社区空间发展的目标？多样化治理策略是否能满足社区资源的空间落实？这是评估实施手段对于社区空间需求是否具有一致性的依据。

成华区城市社区更新手段主要由三个部分构成：健全工作组织架构（S1）、专项整治行动推行（S2）以及优化保障体系（S3）。其中专项整治行动的推行（S2）是引导社区实现上层目标的根本策略，健全工作组织架构（S1）与优化保障体系（S3）是补充与调整实施动力的支撑。

通过前文的梳理可以发现，在保证发展动力充足的前提下，专项整治行动推行（S2）的把控下，成华区城市社区更新政策体系也提出不同方面的具体措施，如表4-5所示。但从一致性层面来讲，与专项整治行动推行为主的政策手段及政策目标是一致的。

因此，在实施政策手段的过程当中，虽然不同社区各有偏重，但是基于多元化社区空间与创新性发展，以问题为导向的实施手段及目标保持了内在的一致性。

政策目标与政策手段的对应关系   表 4-5

政策目标	相适应的具体手段
社区功能完善（G1）	设施配套完善（S2.1）、硬件改造与专项整治（S2.2）、功能再造（S2.4）、服务优化与公共产品布局优化（S2.6）
社区安全提升（G2）	社区网格化管理与整体安全提升（S2.3）
社区环境优化（G3）	风貌改造（S2.3）、空间美化（S2.4）、两拆一增①与环境治理（S2.5）
社区文化延续（G4）	文化空间保留（S2.3）

4.7.3.2 充要性分析

充要性分析也是政策的经济分析。在区一级城市社区政策当中，充足的政策目标能够最大化表征社区发展的需求；而充分且必要的政策实施手段能够精准且全面地推进政策目标的达成，并且解决社区的现实问题。

因此，目标与手段的经济分析将包括个别分析、整体分析以及外部性分析三个层面。成华区城市社区更新政策体系框架如图4-12所示。

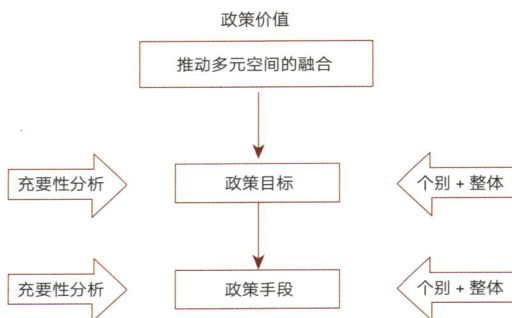

图4-12 成华区城市社区更新政策充要性分析框架

（1）政策目标的充分性识别

目前成华区朝着"完善基本布局，强化优质均衡"的发展方向推动。在基础建设阶段，政策体系更多的是进行调整型影响，通过对当下不同社区的发展方向进行适应性把控。这一阶段的实施重点是平均各个社区的整体质量，推动公共资源的完善以及解决基本的环境与治安等问题。从这个层面来看社区功能完善（G1）、社区安全提升（G2）与社区环境优化（G3）的政策目标是充分的。

总体来看，成华区的空间政策体系确实提出了不同层面的发展目标，但如图4-13所示，针对社区空间安全治理以及成华空间文化延续的目标引导还不完善，从单一目标来看，成华区城市社区更新政策体系的目标充分性还不够；但从政策的整体目标来看，目前

---

① 两拆一增：两拆一增即拆除公共区域的违法建筑、拆除有碍空间开放的围墙以及增加公共开敞空间。

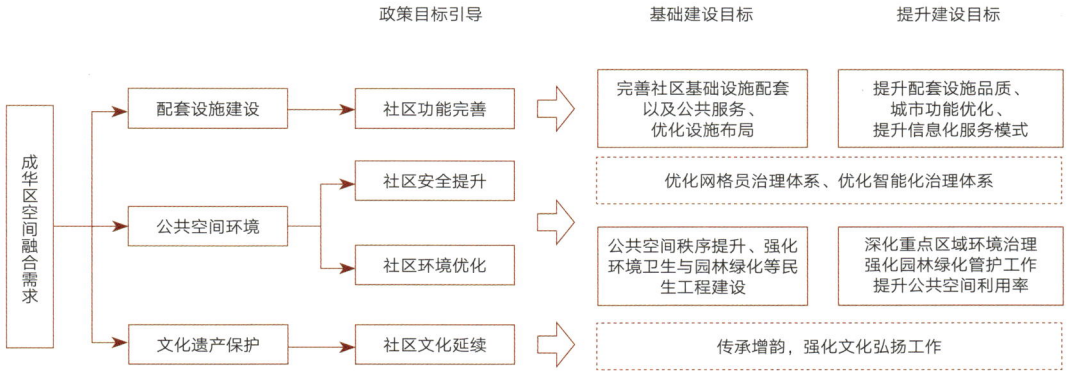

| 政策目标引导 | 基础建设目标 | 提升建设目标 |

图4-13 不同层面的成华区城市社区更新政策目标分析

能够充分引导成华的整体发展方向。

（2）政策手段的充要性分析

通过对政策的梳理可见，成华区的政策实施手段分为三个部分：组织架构的完善是基于上层文件的指导以及现实需求，对多元参与社区实施模式的调整；专项整治行动则是基于"五大行动"的治理重点以及成华区社区空间涉及的具体问题所提出的具体实施策略；而政策实施的保障体系更多的是成华区政府依托具体的实施策略，制定的相适应的支撑办法。政策实施手段是否适应于成华区的治理需求主要体现在以下几个层面。

1）多元主体参与的组织架构

成华区强调完善多元化、多层级的组织架构体系，可以解决两个方面的问题：一方面，从社区层面来看，成华区各社区由于其属性的多元性，其人口构成也非常复杂，成华区委社治委需要通过完善的组织架构支撑来有效的管理社区；另一方面，当下社区更新模式的转变是基于上层政策的指导，单一的"自上而下"的治理模式早已无法适应成华区的治理需求。

①政府层面的实施者主要包括社治委、社区两委及其工作者、基层党组织等。

主要政策实施者在实施过程中承担引导者与协调者的身份，对政策实施的影响是伴随其整个过程的。实施前期，政策实施者需要对政策的可行性与适应性进行宏观把控；实施阶段更多是协调多元主体之间的关系，以保证各方利益以及政策的顺利实施；而政策实施后期，则需要对实施成效进行把控并且处理可能出现的政策冲突等问题。

②从社会层面来看，实施者主要包括社会企事业、专业的社区规划师以及社会志愿者。

其中，社区规划师与社会志愿者对于具体实施的影响力度并不是最突出的，往往只参与政策实施中期阶段，对具体的策略规划与实施提供专业性服务，提升实施绩效；同时，其参与程度以及具体工作基本来源于上层分配。通过政策手段体系的分析也可以看出，成华区将更多的资源投入到了社会企事业力量的培育，对于规划师与志愿者组织管理的规范性与完善性其实是不足的。

截至2019年底，全区登记备案的社会组织近2000家（含社区社会组织1437家），社会组织的参与更加强化政策实施过程的市场把控。社会企事业力量的参与是基于解决社区发展过程当中的社会问题为基本目标，并作为完善社区功能性服务的推手，在具体实施过程当中，提供资金、市场资源与专业服务；同时，相关人员还参与社区的日常事务管理，加大社区治理的市场力度。这是成华区政策实施组织架构的关键因素。

③在社区组织层面，成华区也加强了社区自组织培育以及社区公众参与的力度。成华区在推进组织架构完善的过程当中，强调群众力量在管理、服务、具体实施等方面的主导权，对于政策的有效实施有绝对影响。

从整体实施影响来看，群众的参与的力度并不突出，却直接有效。一方面他们是"自下而上"的实施力量，代表了不同群体、不同性质社区的根本诉求；另一方面群众作为实施者以及受益者，对于政策实施成效的反馈是具有实效性的。但是在具体实施过程当中，由于各社区的现实情况不同，社区实施的关注点也有差异，群众参与的质量也无法得到保证。

因此，成华区对于政策实施的组织架构建构体现出了上层力量、市场力量以及群众力量，从政策实施的宏观把控来看是完全适应的。

2）具体实施策略与空间现实需求的关联

目前的成华区正处于综合实力的高速提升发展阶段，但是成华区城市功能不强、配套不优等现实短板未完全消除，全区内也无法实现有效的空间融合与平均水平的提升。因此，成华区城市社区更新政策的具体实施手段需要解决其空间发展的现实需求，适应成华区的整体发展格局。

①社区的功能性提升

成华区城市社区更新政策体系主要关注全区内的棚户区与老旧院落改造设施配套问题。这类空间质量存在较大的差距，空间配套不足、标准较低以及布局不合理等问题都十分突出。因此，政策强调设施配套优化（S2.1）以及硬件改造与专项整治相结合（S2.3），先解决社区日常配套设施的相关问题。

基于政策的引导，成华区通过更加精细的治理手段来改善现存的问题共经历了两个整治阶段。

首先结合成华的绿道经济发展，强调优化生活空间的配套设施建设；在此基础上，配合"文旅成华"的营造，成华区对路网建设、基础教育、医疗卫生以及文化等功能都进行优化，并建构四级便民服务体系、三级党组织联动体系及三级社区服务网络，加强对社区的服务。除此之外，成华区加强对于社区空间信息化发展，并开展"互联网+"便民计划以及社区"造血增能"等专项行动。

成华区希望通过政策的有效实施，提升整体的功能性。但通过前期治理，全区规划道路建成率仅81%、规划公共服务设施实施率也仅为49.5%。从整体来看，当下的实施手段能够实现一定的功能优化，但手段的覆盖面并不完善。如何推动社区资源的合理布局的具体策略还未涉及等等问题依旧存在；同时，全区的实施成效并不理想与政策实施的社区环境也有直接关联，因此还需要提升对于不同类型社区的针对性研究。

②公共空间环境提升

除了功能性提升以外，政策也提出了对社区公共空间环境的治理手段。由于成华城市二元结构较明显，不同社区的空间环境也存在较大的差异。社区内既有一批整洁靓丽的最美街道、最美院落，又有大量占道停车、占道经营等城市管理乱象，这些问题主要集中在背街小巷以及社区公共开放空间内。因此，针对不同的社区空间乱象，空间政策主要从社区安全治理与环境治理两个方面来解决。

为了加强对社区空间的精准治理，在政策的引导下，成华区政府对全区进行了有序的网格化管理：在实施过程当中，以问题为导向，通过专业的闭合工作链条推进空间安全的治理；此外成华区对于网格划分以及网格员队伍提出了精准的实施办法，坚持"横向到边、纵向到底"的网格区域划分，同时推行网格员加市容秩序员的治理办法；最后，成华区基于自身情况的综合性，实施"跨区协同"的联合治理办法，与周边地区达成共赢。

可以发现，成华区在实现社区安全提升（G2）方面，实施网格化管理的措施已经有了较强的精准性与可靠性。

除了社区安全，社区空间风貌也是参差不齐。成华区早在发展绿道经济时期就提出，要充分利用社区的公共空间营造景区化、景观化的绿色空间；但落实到社区层面要以"两拆一增"专项行动为主要推手。2016年，成华区围绕环境卫生、园林绿化整治方面就提出对公共空间环境的管护与提升；伴随着"两拆一增"专项行动的实施，成华全区已开始对现有违规围墙进行拆除，并提出"一点位一方案"对不同社区进行针对性的社区环境优化。在此基础上，成华区政府还注重增加社区空间的供给，利用现有边角空间，扩通各小区之间的绿化体系，加强其间的空间融合度。

尽管成华区在历年来对公共空间环境治理从基础维护到品质提升都提出相应的实施策略，但是目前成华区社区离"300米见绿，500米见园"的标准还有不小差距。政策手段对于成华区的现实需求是相适应且充分的，但是由于每个社区的基础条件参差不齐等实施外在条件的干扰，导致成华区的整体空间品质并没有达到预期结果。

③社区文化的延续与保留

经过多年积淀，成华孕育出独具魅力的"文化特色"，并且拥有全市较为丰厚的工业文化底蕴。因此，成华除了解决其当下城市空间存在的现实问题，还应该要强化其内在文化的保留手段。

在风貌改造（S2.3）的总体策略之下，成华区政府大力推进特色街区创建行动，从功能、密度、高度与色彩等方面，对成华特色街区风貌提出引导型策略。此外成华区通过功能再造与文化保留（S2.3）强化对全区内老旧建构筑空间的活化，开展保护再利用成华特色文化的微更新运动。

社区空间的文化延续与特色发展，是基于社区基础性建设之后的提升型治理。从空间融合层面来讲，全区能够秉持着延续本区文化的统一理念，营造多样化社区文化空间，更能够促进全区的空间融合度；从社区居住环境来看，只有浓厚的文化底蕴以及本地特色，才能够给居民带来更强的政策实施认同以及社区归属感。

虽然政策手段对成华区文化延续进行宏观把控，但在目前的具体实施结果来看，全区文化设施实施率还不到50%，各个社区对于社区文化氛围提升的意识不强，策略尚不完善。

因此，要实现空间文化延续（G4）的政策目标，当下的实施手段还有较大的完善空间。

3）政策支撑体系

支撑体系提出的政策手段对于成华区城市社区更新政策的实施影响是间接性的，它主要通过影响另外两个层面手段体系支撑政策实施。该体系手段的实施一方面通过推行社区规划师制度、制定购买社会服务机制以及相关工作办法的颁布来支撑参与者推进政策的实施，其主要影响在前文已有明确的体现；另一方面是在政策强化多元资金投入（S3.2）的引导下，制定多元资金投入、社区专项基金建立等办法完善政策实施的资金补给，但目前尚未达到良好的实施成效。

社区层面通过多元参与筹集的方式，将社区发展资金大量地投入了社区专项治理方面的工作，包括自组织培育、购买社会服务、社会企事业培育等，但是对社区工作人员的福利与党组织发动群众的项目资金较少。虽然从整体手段来看，保证了项目的顺利实施，但是对于政策实施者的基本保障以及公众力量培育的关注还不够，是造成成华区政策实施过程中公众参与力度不足的重要原因。

由于前期资金使用并不平均，在提升人力资源保障（S3.1）的工作当中，对于居民参与的培育力度也明显不够。由于成华各社区内的人员构成本身就很复杂，如果没有在前期进行有效的思想培育，同时创新各自社区公众参与的工作机制，那么社区居民将是影响政策实施成效的重要因素。

总体来看，成华区城市社区更新政策体系实施手段的宏观指导力度是较直接且明确的，但是从具体的实施策略来看并不充分，对于不同目标落实的引导力度偏差较大，这与手段本身、支撑力度以及实施环境都有重要关系。

4.7.3.3 依赖性分析

依赖性分析，也叫法理与实施分析。这里主要关注政策实施前的依赖性，即各参与者是否认可该政策推进实施。

政策结果的依赖性取决于结果是否存在政策冲突，它不仅指政策之间发生的严重对抗，还包含政策间存在的所有矛盾、抵触、对抗等状况。这种冲突往往存在于相关参与者与政策实施之间，它可能来自于资源的稀缺以及多元主体价值取向的差异；或是由于政策主题、制度以及政策环境的外在影响。政策冲突体现出相关参与者对于政策实施的认同，这种冲突也会间接地影响政策的实施成效以及未来的实施方向，分析框架如图4-14所示。

（1）政策实施者与被影响者

通过前文分析，可以判断政策的关键实施者包括首要参与者，即社治委、社区工作者、社会群体与当地居民。具体的政策实施主要是依靠社治委（首要参与者）牵头协同多部门进行。而其余实施者为政策体系的相关参与者，他们通过政策的不同手段构成多层级

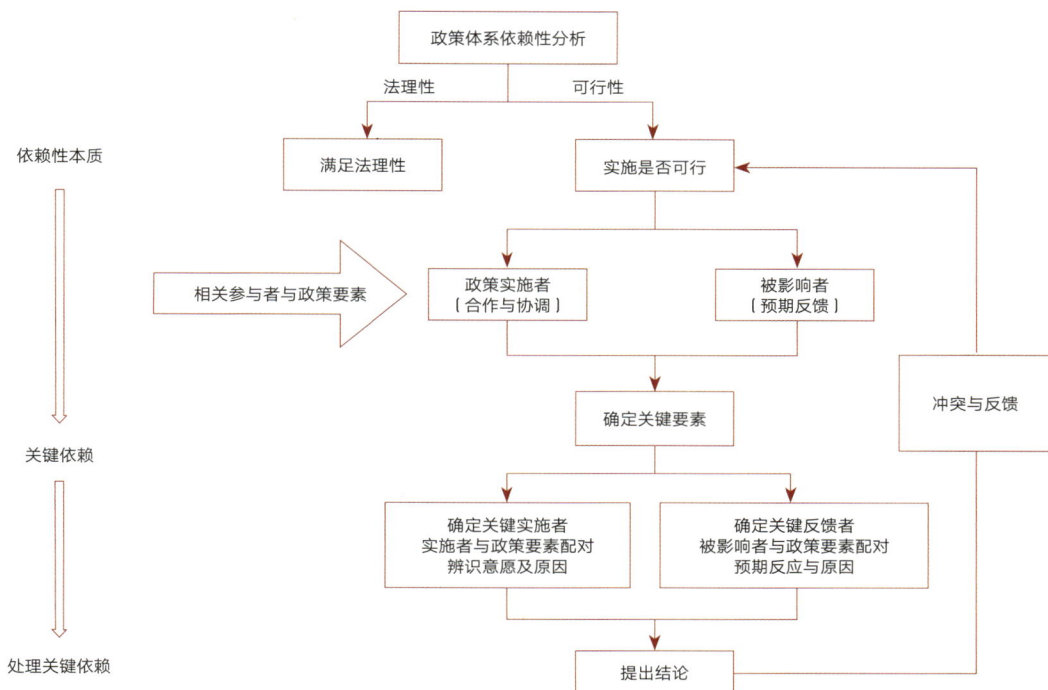

图4-14 成华区城市社区更新政策体系依赖性分析框架

的联合工作架构，同时也由于相关参与者的差异而形成不同的更新实施模式。

当地居民既是该政策体系中的政策实施者，也是主要被影响者。他们作为相关参与者，在政策实施过程中能够代表当地居民的需求意愿并做出反馈，能够更好地实现首要参与者的政策价值；而部分居民作为单一的关键反馈，是政策实施的直接被影响者，他们基于生活需求对政策实施成效做出反馈，从而影响政策实施者的实施路径。

因此，政策实施者与被影响者之间是相辅相成的。只有在所有参与者都支持的政策实施路径引导下进行社区治理，才能有效达成首要参与者的政策目标。

（2）关键要素确定

成华区城市社区更新政策的目标体系所提出的社区功能、安全、环境与特色风貌都与社区居民的日常生活有直接关联，同时与成华区的未来发展方向是一致的，因此政策目标不会成为关键要素。另外，政策手段虽然与政策目标也保持高度一致性，但是却缺乏充分性，这可能会直接或间接影响政策实施的结果。因此，政策实施手段将作为一项关键要素。而政策的预期结果是基于"首要参与者"的身份所提出的。政策实施的成果到底是否能达到预期结果，以及政策实施可能会对当地发展造成怎样的影响，这些可能会得到相关参与者的认同，也可能会出现较大的政策冲突。

（3）关键依赖分析

成华区城市社区更新政策紧紧围绕解决与居民生活环境切实相关的问题为核心，注重当地居民的日常基本需求，从管理、实施、后期保障层面都提出相应的工作办法。因此，居民作为受影响者，很大程度上接受并支持该政策体系，同时确保了该政策体系的合法性。但是，结合前文的相关分析，政策手段的不充分可能会直接影响政策的预期结果，两者可能会形成政策冲突，在实施过程中体现在以下几方面：

1）相关参与者与政策工具的冲突识别

在政策实施过程中，可能会因政策工具本身的冲突，导致政策实施者无法顺利执行，甚至造成相互冲突，最终影响实施结果。在成华区城市社区更新政策体系中，与之直接相关的相关参与者包括社区的基层工作者以及社区群众。

一方面，从成华区基层社区工作者的薪酬机制来看，其收入无法吸引足够的工作人员长期有效地推动社区工作。成华区的资金来源途径多样化，也建立了不同级别的基金项目，但通过经济手段将投入重心放到社区专项行动以及社会力量培育等方面，弱化了当地工作人员的福利。社区的薪酬不足以满足社区工作人员导致社区服务者缺乏，而各社区通过其他奖励机制对外吸引其他志愿者、社会组织等，却不能从根本解决社区基层治理团队的问题。目前，社区工作者、志愿者主观上愿意留在社区工作，除了很多工作者生活在当地社区，同时也是基于党建引领的有效力度。因此，社区基层工作团队作为关键实施者与当下的政策实施手段之间存在政策冲突。

从当地居民参与的角度来看，当下提出的政策制度手段缺乏对社区居民力量的有效培育，从根本上说限制了居民参与的主观能动性，居民无法有效地参与社区治理，无法高效传达群众的意愿，影响居民对于政策实施的认同感。

2）政策结果产生的冲突识别

成华区城市社区更新政策体系的实施结果主要通过居民的反馈来体现其依赖性。政策实施的结果往往从两个层面来产生影响，对利益主体（主要关注居民）的影响以及对社区空间发展的影响。首先，居民对政策实施存在不认同，社区文化延续无法落实以及公共物品布局无法合理化，无法满足他们对良好宜居社区的期望。成华区本身的文化底蕴再加上老工业厂区的居民的需求，对于社区的文化保留工作应该有较高的期待。除提升居民日常生活环境品质外，全区的文化设施配套与社区文化氛围不足，无疑还不能实现当地居民对于高品质宜居环境的期望。此外，当下的实施手段对于社区设施的合理布局的考虑还欠缺。虽然解决了社区设施配套"有没有"与"好不好"的问题，但如果无法实现合理的空间布局，对于社区居民的日常生活也会有很大的影响。其次，成华区将治理重心放在基础配套完善以及环境治理层面，希望通过基础性完善与提升性发展相结合的更新策略来缩减不同性质社区空间之间的差距。但由于成华区存在大量的混合社区、老工业厂区以及城中村等空间，从空间属性、周边环境影响、人员构成以及现实需求各不相同。综合因素的影响下，目前的实施成果未达到成华区政府的预计目标，尚不能实现社区多元空间均衡发展（R1）。这也是造成成华区各社区及其居民对政策实施不认同的另一因素。

因此，总体来讲成华区的政策实施依赖性还是不足，关键需要通过实施者与受影响者的反馈，进一步提升对政策手段的优化，缓解存在的政策冲突。

4.7.3.4 政策执行事前评估结果分析

通过前文的分析可知，成华区城市社区更新政策的执行虽然具有科学性与合法性，但其内在逻辑性还较欠缺，因此会产生一些政策冲突。总体来看，成华区城市社区更新政策的执行产生上述预期结果的关键原因，主要有以下几个方面：

（1）对民众的影响及其反馈，是政策体系实施的最终成效的重要决定因素。

成华区城市社区更新政策以推动多元空间的融合为首要价值，但引导社区更新的基本出发点也要解决全区居民日常生活的基本需求；政策引导下对社区功能的完善、生活空间的安全提升以及环境氛围优化都与居民生活息息相关。居民的反馈也是促进政策体系不断优化、社区持续发展的重要依据。然而，在政策评估过程中发现，成华区城市社区更新政策虽提出了公众参与、社区自治组织培育等相关策略，但具体实施力度还不够，根本还是在于居民自治意识的缺乏。居民的参与意识、形式、力度不足，直接影响了居民对于政策执行的认同与实施成效。

（2）政策注重解决当前的基本问题，更应强调与远期发展目标的融合。

政策的制定与实施要注意适应性与精准性。成华区城市社区更新政策对于社区空间优化工作的引导是明确的，但是政策目标与手段并不充分，对社区品质短期内的快速提升有一定作用，但很难保证政策实施的长期有效。因此，要加强政策作用的长效力度，与社区远期发展目标相适应。

（3）成华区自身的特殊性决定了多样化的政策实施环境，也反向影响政策实施的成效。

成华区社区类型的多样性以及空间品质的差距，需要通过不同层面的目标与手段适应不同政策实施环境。因此，成华区的政策实施成功与否，与不同属性的社区环境有密切关联。老工业厂区的更新实施一定需要加大对当地文化遗产与风貌的保护；棚户区与老旧院落则把社区配套设施的完善看作最重要的优化目标；还有一些社区由于长时间缺乏管理，居民生活治安存在很大的问题。这些情况都决定了政策实施的基础背景与基础环境，突出了政策适应性的重要性。

成华区城市社区更新政策内容的一致性能够有效引导下属社区的更新实施，但是其存在的问题也可能直接反映到下属社区的实施当中，可以通过具体的政策要素影响进行剖析。

4.7.4 成华区城市社区更新政策执行事中影响评估

政策影响评估的核心是对规划实施过程中环境、影响要素和作用机制的研究。通过前文的一致性、充要性与依赖型的详细分析，从表4-6中可以看出，成华区的政策目标与成华区社区发展需求一致，但目标覆盖尚不充分；从政策手段来看，其组织架构完善，多元利益主体协调共治；具体的实施策略来是可行的且与发展目标一致，但策略的覆盖还不全面；政策实施的支撑体系还不充分；从政策实施结果看存在着政策冲突。在此基础上，评估不同政策要素在社区更新实施中产生的影响。

政策要素		政策要素的属性评估结果
政策目标		与发展需求一致、目标覆盖尚不充分性
政策手段	组织架构体系	组织架构完善、多元利益主体协调共治
	具体实施策略	实施策略可行、与发展目标一致、策略覆盖还不全面
	实施支撑体系	不充分
政策实施结果		存在政策冲突

4.7.4.1 政策影响分析的不同维度

结合前文的研究结论，成华区城市社区更新政策对更新实施的影响模式与具体内容包括以下两个维度：首先是要素影响机制，主要从政策要素的一致性、充要性与依赖性出发，试图回答个政策影响要素在哪些环节影响实施，以及具体影响的体现等一系列问题。其次是要素影响绩效评估，在绩效分析当中，主要是通过影响测度出发，探讨不同属性的政策要素对更新实施的引导方向积极与否，这些影响是直接带来或是间接引起一系列问题。

4.7.4.2 政策目标对更新实施的影响

成华区城市社区更新政策体系目标对社区更新实施影响应该体现在以下两个方面：政策的总体目标是否能够代表成华区社区空间治理的基本诉求；政策的具体目标是否能够较全面地解决社区空间的具体问题。从影响机制来看，成华区相关政策对整体更新方向的宏观把控，成华区城市社区更新政策制定的四大实施目标，对成华区多元空间融合的整体发展、布局以及具体实施等都进行了政策管控，对于更新方向具有调整与引导的作用。

首先，契合的政策目标能够避免各社区在短期治理的过程当中出现偏差，保证了该政策体系的可行性；其次，当下提出的更新政策是吸取了前期的不足，以问题为导向而做出适应性的调整，能够有力地推动政策手段的实施。但是，成华区城市社区更新政策的目标体系并不完善，充要性欠缺。这导致该政策体系只能在短期内对成华区的整体方向有明确引导。在经历基础性建设之后，成华区的部分社区可能会因为提升性的发展目标不够明确而无法有效实施。

从影响绩效来看，该政策体系目标的影响是直接且积极的——发展目标与政策总体引导方向的一致性是最大的决定因素。正如成华区的现实发展需求是要解决全区内基础设施落后、空间差异大以及居住环境太差的问题，政策就明确从功能完善、安全提升以环境品质优化三个层面来进行引导。这在政策予以实施时，就可以通过相关参与者的认同来体现其合理性与适应性。

4.7.4.3 政策手段对多样化空间更新实施的影响

成华区城市社区更新政策手段具有调整与引导两类影响模式。在政策实施的执行模式方面，成华区城市社区更新政策强调"多元共治"机制，对原本不同社区存在的治理模式进行把控。政策对政府职能进行调整，改善单一的自上而下的治理模式；其次协调市场与政府的关系，大力引入社会力量；最后改善居民自治的工作模式，引导下属社区大力发展社区自治组织，培育自治思想。这三个方面，将直接有效地影响各社区建构自身的工作架构。

而在专项实施策略方面，政策手段结合政策目标与成华区的空间问题，主要针对社区空间的功能提升、公共空间品质与社区文化保留三个方面，引导下属社区制定与自身情况相适应的更新策略。

政策实施支撑手段对于社区更新过程中以引导社区提出相适应的工作机制为主，保证更新策略的顺利实施。

政策手段的影响近期来说是积极的，但长远来说可能存在积极与消极相结合的影响结果。从上文可以看出，成华区对于空间治理已经开展了些许工作，也取得一些成效。这是基于该政策体系目标、手段与成华区发展需求的一致性，确实能够在短期内推动成华区原本的治理力度，保证政策的积极作用。但是，成华区城市社区更新政策手段在具体实施过程当中体现出明显的不充分。相关政策提出的治理手段往往是繁多且重复的，呈现出整体可行，局部缺乏的局面。可以发现，基于成华区的现实问题，政策手段集中关注社区功能、社区环境等，但是对自身社区文化特色的保留以及社区安全的治理还不够。

长远来看，政策引导下的社区更新实施都需要重视自身的社区属性，进行相应的调整。否则，本就不完善的政策手段无法适应所有水平的社区发展，最终造成消极影响。

4.7.4.4 政策实施成效存在的影响

政策实施成效的影响往往是通过政策冲突来体现的。事实上，政策实施成果存在的冲突并不是单向的。政策结果对于社区更新的影响又分为直接影响与影响反馈两个方面。直接影响即通过政策实施，最终达到相应的治理成效，改善社区空间品质；影响反馈则可能政策实施会产生一定的冲突，一方面会产生社会影响，另一方面这种影响又会反馈给政策实施本身，它其实是推动政策手段优化的一个动力。

而预期结果往往是基于首要参与者的身份提出，它对于更新实施的影响应该是积极有效的；但是实际实施结果又主要取决于相关参与者，特别是居民的认同。

尽管成华区制定的相关政策的目标与手段并不充分，但是它们与成华区的需求是相对契合的，对于成华区的发展始终是往更优化、更精准的方向推进。而在实施成果当中出现的冲突，更大程度上是基于居民的自身需求以及成华区更长远的发展诉求而出现的。但是，它们的存在并不影响当下政策实施的积极性，也不会直接影响到成华区的整体发展方向与重点。

4.7.4.5 成华区城市社区更新政策对社区更新实施的综合影响

通过前文的分析可以发现，政策目标、手段与结果都会在一定程度上影响着社区的具体更新策略制定与实施，它们对社区的更新实施的影响具有一定引导、调适作用，同时更是相互促进的过程，如图4-15所示。

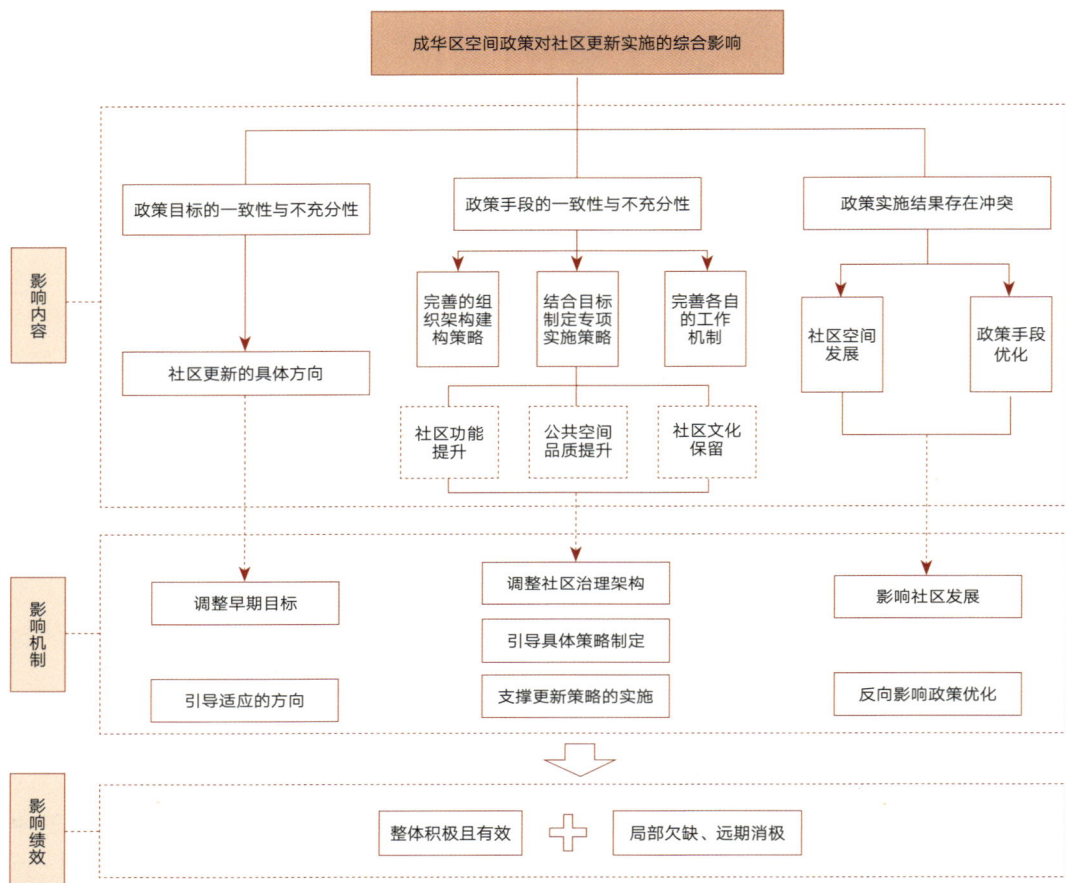

图4-15 成华区城市区更新政策对社区更新实施的综合影响

5

第5章 成都市社区更新的
实践案例

5.1

宽文化，慢生活——宽巷子社区更新

5.1.1 社区概况

▶ 　　宽巷子社区隶属于青羊区少城街道，居民委员会成立于2010年11月，社区范围东起长顺上、中街，西至中、下同仁路，北起栅子街小通巷，南临金河路、通惠门路（图5-1）。社区所辖街道17条，面积约0.68平方千米，2020年户数8863户，常住人口21298人，暂住人口8253人，机关、企业、事业单位、学校有成都画院、成都市妇幼保健院、金河宾馆、少城小学、泡桐树街小学、成都市树德协进中学等19个[①]。

　　社区内有全国闻名的宽窄巷子景区，由宽巷子、窄巷子、井巷

图5-1 宽巷子社区范围图

[①] 成都市基层公开综合服务监管平台青羊区少城街道宽巷子社区。http://jcpt.chengdu.gov.cn/qingyangqu/kuanxiangzishequ/。

子平行排列组成，全为青黛砖瓦的仿古四合院落，是成都遗留下来较成规模的清朝古街道（图5-2），与大慈寺、文殊院、水井坊一起并称为成都四大历史文化街区。宽窄巷子是国家AA级旅游景区，先后获2009年"中国特色商业步行街"、四川省历史文化名街、2011年成都新十景、四川十大最美街道等称号。

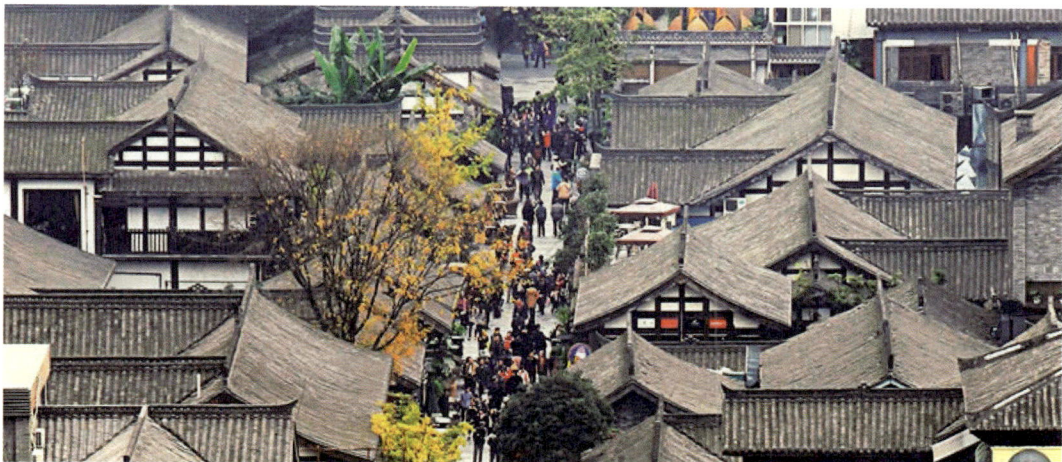

图5-2 宽窄巷子（图片来源：社区提供）

5.1.2 更新举措

5.1.2.1 设立"宽门"工作坊，协商推进社区更新

为广泛吸纳社区更新建设中的各方意见，宽巷子社区成立以社区党委为核心、专业社会工作者指导下，由社区居民骨干、驻区机关、企业、文创、文博、文旅等领头人为参与者，建设、规划等职能部门为促成者的组织机构——"宽门"工作坊（图5-3）。社区工作坊通过运用专业方式和途径与社区工作相结合，如座谈会、说明会、居民议事会、民情恳谈会等方式，给予社区居民专业的咨询与协助、给予居民表达意见和建议的机会，逐步协助居民转变社区治理理念，建立社区居民的社区意识与地方归属感[①]。

图5-3 "宽门"工作坊（图片来源：社区提供）

---

① 宽巷子社区两委提供《"宽门"社区工作坊方案》。

5.1.2.2 闲置地块更新利用

社区对长期闲置地块进行针对性的更新利用。民生里社区临西郊河一侧地块，规划性质为幼儿园。由于修建地铁，地下已架空，无法进行工程打桩，暂不能实施项目建设，造成地块闲置。结合这一情况，策划打造"小游园、微绿地"，构建绿色生态之景。通过前期充分调查论证，社区统筹实施民生里改造提升和西郊河宜居水岸建设项目，建设"宽窄巷子—西郊河"亲水生态，在实施水环境治理的基础上，加强文化景观小品建设和特色树种栽植，构建近1500m² "亲水生态风貌街区"，再现了川西民居的意象和院内石磨、水井等熟悉亲切的物件，构建与宽窄巷子景区相融合的文化风格，形成该片区的良好生态格局[①]（图5-4、图5-5）。

5.1.2.3 沿街界面美化

宽巷子社区地处老城区，原有建筑和街道界面普遍存在着老旧破败和景观性差等问题，尤其是宽窄巷子消防站、民生里原规划农贸市场地块、成都军区某分部地块、地铁4号线宽窄巷子站周边等区域全部都是实体围墙，并有一些违法建设，人街界面不美观、不友好，社区民众的满意度也较差。社区以公园城市建设为抓手，开展"拆违建、拆围墙"专项行动，进行拆围透绿。同时，坚持"一点一策、形态各异"建设理念，增加城市景观小品，对下同仁路军区分部地块、少城文化展览馆地块施工围墙进行立体"云墙"打造，一方面增强原有沿街界面的景观性和趣味性，另一方面也美化了环境，营造了良好的邻里氛围（图5-6）。

图5-4 民生里临西郊河处小游园

图5-5 WePark玩湃社区足球公园

---

① 宽巷子社区两委《少城片区背街小巷及院落微治理工作情况汇报》。

5.1.2.4 文化服务设施建设

在同仁路与民生里路口，原有一幢有安全隐患的两层小楼，拆除后按中优"三减三增"理念并充分征询社区居民需求，策划建设少城文化展览馆，彰显社区的人文艺术之景。少城文化展览馆通过现代化影像、图像、模型等综合设计手段，描述独具一格的少城街巷格局，讲述少城的过去、现在与未来，映射出少城厚重的文化底蕴（图5-7）。同时，在建筑设计上，汲取川西民居的特有

图5-6 下同仁路沿街界面

元素，从建筑形式、体量关系、空间尺度、材质等方面反映区域浓厚的文化氛围，并整体采用通透的围合方式，让建筑从文化和空间上融入宽窄巷子周边环境，进而塑造出全新的人文艺术景观。

5.1.2.5 老旧院落改造与自治

社区以"宽文化"为主线，多举措推进居民参与老旧院落改造，实现共建共治共享。以"宽心"为内核，让居民主动参与到院落打造及院落治理上来。以"宽体"为依托，培养院落居民科学健身、养生等生活习惯。以"宽知"为抓手，从院落文化氛围营造入手，设立院落文创科普站，设置机器人等设备展示，引导文创企业参与院落的自治建设，搭建院落文创沙龙，推广普及科普知识。以"宽爱"为主题，进一步唤醒邻里互助、互相关爱的社区意识。以"宽忆"为脉络，梳理宽窄巷子"最成都、最世界、最古老、最时尚"的文化脉络，打造"老成都的记忆展区"。以"宽廊"为载体，打造宣传长廊，将社区宣传的党建、政策信息、居民自治信息、居民院落公约、居民成果进行展示。在支矶石街20号院改造中，社区召集支矶石街20号居民代表、泡桐树街3号居民代表及施工方代表在宽门工作坊共同协商院落改造方案（图5-8），进一步提升特色街区规划设计方案的科学性和实用性，体现街区治理和发展的自发性和自律性。

图5-7 少城记忆展览馆（图片来源：社区提供）

图5-8 20号院落手绘宣传长廊

5.1.3 典型更新场景——旅游地标的"后街经济"

5.1.3.1 更新项目介绍

宽窄巷子景区每年有近2000万人流量,其后街区域是密度较大的传统生活社区,可共享宽窄巷子的存量市场和客群流量,有着广阔的发展潜力。应对城市发展和社区更新的现实需求,宽巷子社区主题化开展特色街区创建和背街小巷治理。

围绕少城国际文创硅谷整体定位,社区着力建设有机的街区业态系统,对支矶石街、泡桐树街(图5-9)、实业街、小通巷栅子街(图5-10)、奎星楼街、吉祥街6条街道进行整

图5-9 泡桐树街风貌

图5-10 小通巷栅子街空间

体打造，通过建筑风貌提升打造、公共空间品质倍增、增花添彩生态赋能、绿道建设通学优先、传承文化彰显特色、社区营造邻里互助、业态优化产业迭代七大工作策略，积极打造彰显"老成都、蜀都味、国际范"的新型历史文化街区[①]。

5.1.3.2 更新要点

（1）营造"一街一特色"的主题业态新场景

宽巷子社区围绕发展创意设计与文博旅游产业的定位，按照市场主体、商业化逻辑，推动社区内几条重点街道的临街底商业态、形态转型升级，积极打造集文、娱、游、购、创一站式体验的多元宜业场景。整个少城片区根据《少城国际文创硅谷重点街区业态提升试点工

---

① 中共成都市委城乡社区发展治理委员会《2019年成都首届"美丽社区·共建共享"社区微更新获奖项目集锦》。

作方案》，确定每条街道的不同特色场景主题，形成"1个少城生活系+6个特色主题+N个特色品牌"的"1+6+N"发展体系，以若干个主力店为引领，汇集形成创意设计、创意餐饮、创意零售、家庭亲子、艺术文化、民俗旅社、特色书店、非遗文化等多元互补业态。

规划确定吉祥街打造以少城"逸生活"为主题的创意美食巷，突出安逸、悠闲的氛围（图5-11）；奎星楼街打造以少城"创生活"为主题的成都创意文化聚落第一街，突出创新、活力的氛围（图5-12）；小通巷打造以少城"雅生活"为主题的最婉约文艺小巷，突出文艺小巷雅致的氛围（图5-13）；泡桐树街打造以少城"漫生活"为主题的情调小巷，突出浪漫、淡雅的氛围（图5-14）。目前先期4条街巷的更新改造已完成，街区氛围营造成效明显。

（2）特色主题植入，营造临街商业新场景

街巷更新过程中，社区以主题特色打造为契机，推动业态有机更新。以吉祥街、奎星楼街等6条街道的441家底商为示范，将底商分为鼓励、禁止和限制3个类型进行正负面清单管理，对创意设计等鼓励类底商进行优化提升，对形态差、业态低端的限制类底商严格控制增量，对噪声污染等禁止类底商进行取缔或清退，共调迁优化底商业态413家，文创业态占比达93%。目前，街区文创氛围已初步形成，文创企业聚集效应初显，已经进入良性循环。引进入选成都"2019年度十大生活美学空间"的设计师服装店"众妙之门"、全国知

图5-11 吉祥街少城逸生活美食巷

图5-12 奎星楼创意文化街区

图5-13 小通巷少城雅生活主题小巷

图5-14 泡桐树街少城漫生活主题小巷

名设计师袁龙军的"麻辣会客厅"等特色店（图5-15）。

（3）激活空间资源，培育文化创意新场景

街区更新中坚持少拆多改，激活闲置空间，让老楼蝶变新载体，重构了老空间的新功能、新业态。同时遵循街区历史文化延续与时尚生活趋势，突出社区可持续总体营造，由社区规划师带动居民广泛参与，立足"小改造""微重组"，做细做优街区设计，通过增设艺术化装置、LED氛围灯带、市民演艺舞台、创意彩绘艺术墙、互动小品装置等措施，优化街区建筑风貌，提升街区精致雅韵（图5-16）。

例如将原四川广播电视台旧址改造为"少城视井文创产业园"（图5-17），自2017年12月建成开园以来，目前入园企业已签约面积达90%，入驻文创企业120余家。将闲置多年的两栋老培训楼改建为1万平方米的"明堂创意工作区"，吸引文产投资3000余万元，国内外政府和文化机构交流访问300余次，被科技部认定为全国首批众创空间之一，并纳入国家级孵化器管理体系。

（4）商居联盟参与街区治理，建立新型商居关系

社区在强化治理能力方面，积极发动商家和居民参与街区自治管理，在社区建立"商居联盟""宽门工作坊"等以商家和居民为主体的共建共治共享机制。

图5-15 设计师服装店"众妙之门"（图片来源：社区提供）

图5-16 奎星楼街创意彩绘艺术墙

泡桐树特色街区处于泛宽窄巷子区域，近年来随着文创产业的不断集聚以及文化氛围的不断彰显，更多的特色餐饮、文创集市和配套商业在此发展，在为区域发展增添活力的同时，也给城市管理和居民的日常生活环境带来较大压力，为共同打造良好的特色街区环境，2018年宽巷子社区党委牵头，在社会组织参与，辖区单位、院落居民、街区商家的大力支持下，于"漫生活"泡桐树街挂牌成立了"商居联盟"，由商家代表和居民代表共同组成街区商居联盟委员会，并讨论形成"一个常设机构、两个议事原则、三项工作制度"为主要内容的"123"工作机制。联盟采取协商共治的方式制定街区公约以及发展治理办法等，为实现街区自治、居民自治，解决商居矛盾迈出坚定又极具意义的一步。

图5-17 少城视井文创产业园

5.2
传统社区+时尚商圈的共享——大慈寺社区更新

5.2.1 社区概况

▶ 　　大慈寺社区位于东顺城南街59号，社区面积0.49平方千米，东至府河，南至下东大街，西至红星路步行街，北至大慈寺路（图5-18）。2020年社区常住人口4497户14881人，有14个老旧院落，14个专业物管小区，居民小组10个。社区内有低保户46户52人、残疾人员37人、70~79岁居民556人、80~90岁居民516人、享受廉租房补贴20户[①]。

　　辖区内有建于3~4世纪被誉为"震旦第一丛林"的著名佛教文化圣地"大慈寺"（图5-19），同时还有国内首屈一指的城市商业综合体、2019年被评定为国家五星购物中心的"远洋·太古里"（图5-20）、中国西部最具国际化水准的城市综合体IFS（图5-21），以及由品牌购物中心、甲级办公楼、国际高端住宅和商务公寓四大物业组成的晶融汇等。

---
① 成都市基层公开综合服务监管平台锦江区合江亭街道大慈寺社区。http://jcpt.chengdu.gov.cn/jinjiangqu/dacisishequ/。

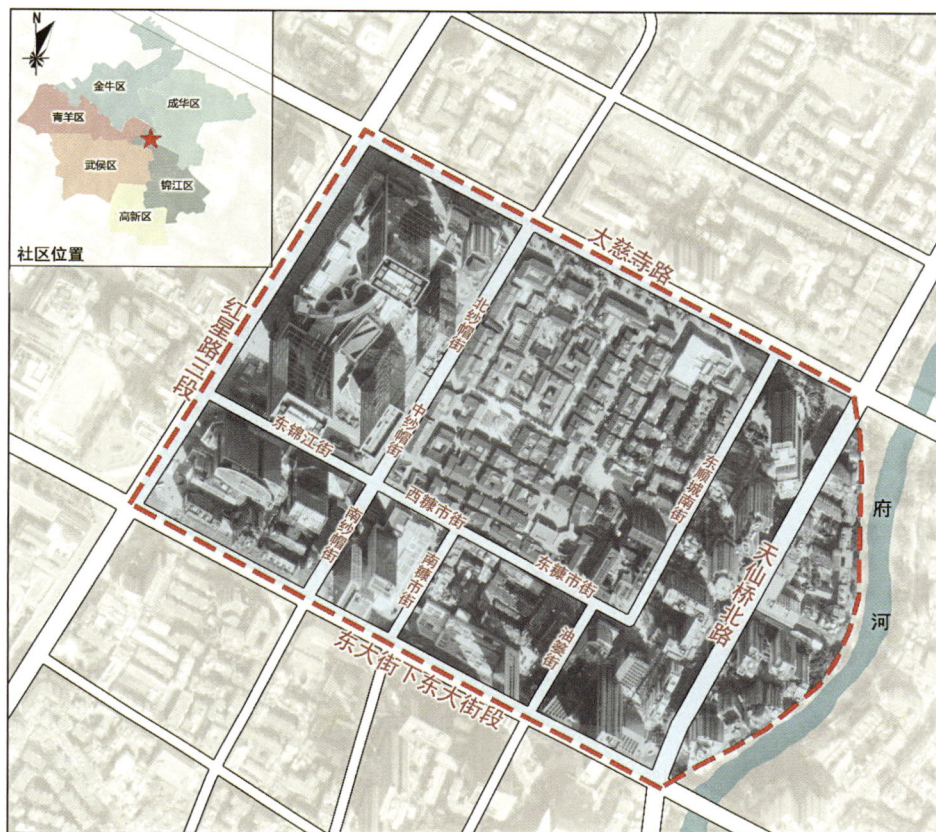

图5-18 大慈寺社区概况图

图5-19 大慈寺

图5-20 远洋·太古里（图片来源：社区提供）

图5-21 成都国际金融中心IFS

5.2.2 更新举措

5.2.2.1 承接成都国际化城市建设需求，确立片区发展目标

大慈寺社区地处成都主城区，社区内分布有外籍机构、世界500强企业和300余名外国居民，被《成都市国际化社区建设规划（2018~2022）》纳入发展重点地区，确立了"古风雅韵大慈寺、国际时尚新天地"总体定位。在《大慈寺片区国际化社区城市设计》编制过程中，通过问卷调查等方式，听取了辖区企业以及外籍人士、本地居民和游客的意见建议，从提升城市空间品质、补齐公共服务短板、改善社区生活环境、营造社区国际氛围、构建"商圈+社区"共享发展机制五个方面建设国际化社区，将大慈寺片区打造为高颜值、生活味、高品质、国际范、归属感兼具的国际化社区（图5-22）。

图5-22 大慈寺国际青年社区

5.2.2.2 以"公园城市"为标准，构建公共空间体系和社区服务体系

大慈寺国际社区建设过程中以"公园城市"为标准，不断完善社区绿地和公共空间体系，持续改善社区生态和生活环境。以社区空间为载体，植入各类商贸、文化等国际交流活动，进一步增强社区的国际化氛围，打造展现千年蜀都魅力的世界级文化商业中心；以"社区微更新"为手段，通过拆墙透绿、打通断头路、打造开敞空间、活化利用老旧建筑等方式，提升街区的形象品质。以提升涉外服务能力为抓手，采取建设涉外政务服务场所、营造更多的国际化服务场景等措施，打造具有国际水平的"15分钟社区生活服务圈"。

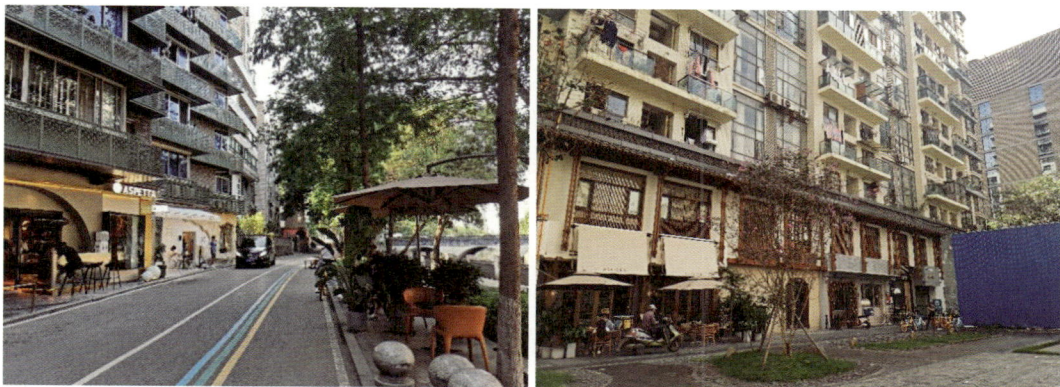

图5-23 社区更新后的环境

5.2.2.3 构建"一核、一坊、一廊、一带"的社区空间格局

大慈寺国际社区规划形成"一核、一坊、一廊、一带"的空间格局。"一核"指建设大慈寺社区国际友邻之家，打造区域涉外服务和国际文化交流活动的核心。通过改建、与企业共建等方式建设规模约为5000平方米，具备政务、休闲、生活服务等多种功能的大慈寺社区国际友邻之家，进一步增强社区的对外服务与交流功能。"一坊"指大慈坊，以大慈寺为核心，通过对马家巷、博舍后街、东糠市街、南糠市街、油篓街等街巷的文化挖掘和形态提升，打造既有城市文脉带来的下一个吸引点。"一廊"指龙王庙正街—青莲上街历史文化长廊，将邱家祠、崇德里片区的历史文化、商业商务、旅游休闲等资源保护、利用和串联起来，植入与建筑形态和街区特点相符合的业态，打造展现老成都蜀都味的雅致街巷。"一带"指依托府河打造的集夜市、夜秀、夜游为特色的锦江绿道示范段（图5-24、图5-25），从对外开放、产业形态、文化交流、治理机制4个方面营造国际化社区。同时还策划31个项目，用以支撑社区格局的形成。

图5-24 锦江绿道

图5-25 锦江绿道文创集市

5.2.2.4 开展社区营造，检核共建共治共享国际化社区

为强化社区居民、企业的共同参与，共治共建国际化社区，大慈寺社区从对外开放、产业形态、文化交流、治理机制等方面进行社区营造，促进社区成员发挥主体作用，让国际化社区成为一个有温度的整体。

大慈寺片区国际化社区利用驻成都领事馆、涉外企业和社会组织等资源，依托成都对外开放的"大事件"，推进多层次的中外交流活动，扩大大慈寺片区的"国际朋友圈"。此外，定期开展"外籍人士家在成都""国际锦江·与您有约"领事拜访等活动，加强与驻区外国领事机构、外企和外籍人士的交流互动，打造锦江对外交往的高地。

5.2.3 典型更新场景——引领时尚的国际青年社区

5.2.3.1 更新项目介绍

大慈寺社区的国际青年社区范围西至红星路、北抵蜀都大道（大慈寺路段）、东达锦江、南至滨江东路，区域覆盖合江亭街道全辖区，包含大慈寺、合江亭、东升、崇德里4个社区，总规划面积约1.13平方千米，总人口约5.35万，商户3000余户，世界500强企业21家，外国领事馆2家，常住境外人士323名（图5-26）。

5.2.3.2 更新要点

（1）党建引领、多元参与，创新"商圈+社区"共享发展机制

国际青年社区为进一步提升社区形态、建立管理机制，成立街区治理商协会，发动

图5-26 大慈寺国际青年社区现状（图片来源：社区提供）

商家制定"一街一公约"。同时不断强化治理核心，挖掘国际金融中心、睿东中心等楼宇内的中外企业、创业平台等，深入开展楼宇党建。

通过建立"共享+"项目，实施条块联动、党员联管、活动联办、资源联用、服务联做的五联工作法。此外，社区党委组织青年党员成立"锦官君"青年党员新时代文明实践志愿服务队，全面开展社区志愿服务和社区组织工作。

社区党委还深入辖区100余家企业、工会和党组织，调研企业和员工需求，发动企业签订"锦官驿·共享+共治共享合作协议"。实施"共享+活动"，持续开展"青年职工关爱计划""最IN大慈寺"等活动（表5-1）。

大慈寺国际青年社区项目建设工作   表 5-1

共享+学习家	延安书画院成都分院（图5-27）
共享+运动家	国际滑板公园（图5-28）
	舞邦-社区舞蹈培训基地
	国际高尔夫社区学院
共享+艺术家	大慈雅韵国际青年剧场
共享+科技家	华为社区科技馆（图5-29）
共享+休闲家	1921党建咖啡馆（图5-30）
	文艺/电子竞技馆
	小九里
共享+服务家	外籍人士社区服务中心

（2）搭建分享平台，社区发动企业和居民共同参与

青年国际社区创新共享共驻共建机制，成立大慈寺社区发展专项基金，搭建社会资金参与社区发展治理的平台；截至2018年底累计引入社会资金1000余万元，实施项目10个，策划组织重大活动20余次，实现共治、共享、共建，促进了社区公益建设。

图5-27 延安书画院成都分院（图片来源：社区提供）

图5-28 国际滑板公园

图5-29 华为社区科技馆

图5-30 1921党建咖啡馆

　　通过整合辖区腾讯众创等企业的专业人才，策划相关活动定期为社区"两委"和社区居民举办创意分享会、艺术品鉴会，提升人文素养；针对年轻人的兴趣爱好，社区先后承办"王者荣耀"全国职业联赛（西部主场）（图5-31）、"ETM星耀秀"夏日公演、滑板潮流日（图5-32）等大型活动80余场，吸引线下15万余人次参与，线上参与者超过30亿人次。以活动为载体，引导青年群体参与，提升辖区居民对社区的关注度和参与度；社区还积极探索成立大慈寺社区商家联盟，发动各类商铺、企业共同营造自我服务、自我管理、自我约束的良好环境。

图5-31 2018年"王者荣耀"KPL赛季西部主赛场（图片来源：社区提供）

图5-32 滑板潮流日活动
（图片来源：社区提供）

（3）专业化运营，提升国际化服务水平和社区环境

社区充分利用地理位置优势，通过以资源换服务方式，采取"双零"模式（建设零投入、运行零成本）发动企业出资打造近5000平方米大慈寺社区国际友邻之家。

同时，构建以"一所一站一中心"（派出所、人才服务站、外籍人士社区服务中心）为支撑的社区涉外政务服务体系，形成便捷的15分钟公共服务圈。此外，依托太古里、IFS等人气商圈，为中外居民和游客提供丰富的休闲及餐饮服务，编印《大慈寺社区双语服务手册》，聘请熟悉英语的工作人员，设立双语标识，进一步提升外籍人士的生活便利度。

按照"蜀都味、国际范"的风貌要求，社区积极发动辖区企业和居民共同参与社区空间改造，多项措施联动打造美丽宜居的社区形态，通过拆墙透绿、打造开敞空间、活化利用老旧建筑等手段，挖掘存量空间价值，提升街区形象品质（图5-33）。

图5-33 老旧社区院墙改造

（4）挖掘蜀地文化，推进融合发展，构建创新繁荣的产业业态

国际青年社区注重对中华传统文化资源的挖掘和利用，进一步打响、做亮"大慈雅韵"文化品牌。针对老年和青年群体的不同习惯及需求，开设大慈雅韵茶堂和国际青年剧场，开展扬琴、清音等非物质文化传承活动，大力弘扬和宣传天府文化。同时也发挥辖区国际性企业众多的优势，发动社会力量举办多场次高水平的海外或时尚文化交流活动。

社区更新改造过程中坚持空间与产业更新并举，打造特色活动和特色场景。目前重点打造的大川巷叁画廊艺术街区已成为集艺术创作、艺术展览等"五位一体"的原创艺术空间（图5-34）；此外，以量子电竞馆为主阵地，大力发展电竞娱乐，打造集电竞、手游、直播、传媒、VR、IP衍生等于一体的新经济产业生态圈。

图5-34 大川巷叁画廊艺术街区（图片来源：社区提供）

5.3
市井中的时尚慢生活——崇德里社区更新

5.3.1 社区概况

► 崇德里社区成立于2014年1月23日，辖区面积0.18平方千米，位于天仙桥南路与下东大街交汇处（图5-35），2020年辖区内共有2656余户，5300余居民，共有19个居民院落，其中3个为专业物管楼盘，16个为老旧院落（图5-36）。社区内有3栋写字楼，分别为东

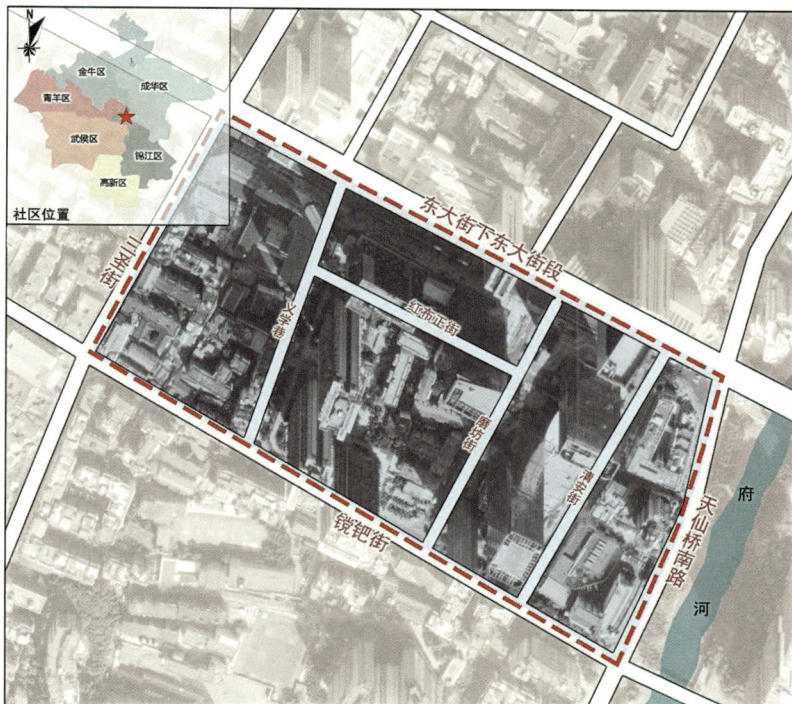

图5-35 崇德里社区概况图

图5-36 崇德里社区

方时代商城、喜年广场、义学巷66号，还有位于下东大街的金融超市商业区①。

　　崇德里社区南缘的锐钯街是一条百年老街，西起崇德里，东止于天仙桥南路，长约539米。"锐钯"实际上是一种兵器，古大慈寺面积很广，便将寺庙附近的一条街作为大慈寺的兵器仓库，光绪年间这条街被命名为"锐钯街"。作为老成都人独特的记忆，原锐钯街及崇德里社区在2011年开始精品化城区打造，有机嵌入民国风建筑、青年文创小店等特色元素。

---

① 成都市基层公开综合服务监管平台锦江区合江亭街道崇德里社区。http://jcpt.chengdu.gov.cn/jinjiangqu/chongdelishequ/。

5.3.2 更新举措

5.3.2.1 文化为核推进社区更新，打造特色街区

为了进一步推进老旧城区改造和社区有机更新，在特色街区打造方面，锦江区深度挖掘街区历史文化特点，融合现代时尚元素，分批分阶段在全区打造29个历史文化特色街区。其中位于崇德里社区的锐钯街片区将依托现有历史建筑风貌特色，以景观提升为手段（图5-37），结合创客88、崇德里历史建筑，打造北接太古里商圈的时尚潮流特色街区。

在具体更新做法上，一是街区文化价值的兑现，通过挖掘锐钯街的历史文化，精心保护历史文化遗产，弘扬特色文化，多措并举活化城市历史遗产、培育城市文化气质；二是街区文化场景的打造，将与街巷历史相关的事件、典故，通过各种不同的艺术方式加以展现，让历史建筑在有效保护中合理利用，使文化遗产融入市民现代生活；三是街道立面美化与设施改造，通过对绿化实施提升改造，实现美观效果与市民休闲相结合，完善路网，整治老旧建筑外墙面和店铺招牌。在外立面的打造上，锐钯街结合民国时期建筑风格，采用欧式立柱，将零散、单一的商铺打造成商业步行系统，提升人性化体验和街道空间品质，塑造特色的城市风貌（图5-38）。

图5-37 锐钯街景观提升效果

图5-38 锐钯街改造后沿街立面

5.3.2.2 立足社区培育现代服务产业，构筑品质新业态

产业更新与发展方面，利用社区和锐钯街周边原有的产业基础，通过环境品质提升，培育引导现代服务业特别是休闲娱乐、文化旅游等消费性服务业发展，积极探索商业、旅游、文化等产业与特色街区联动融合发展之路。坚持产业导向和品质导向，细分消费群体和市场需求、业态偏好，全力疏解和升级低端业种、业态，加快引进培育文旅结合的高端服务业态和现代化的社区服务业态，不断提升产业规模和增值能力，利用周边太古里、IFS等商业地标的吸引力吸引消费人群，形成产业互补，构筑具有成都特色和国际品质的新业态（图5-39），保持锦江传统的服务业高端优势，努力建设国际范的国际化城区。

5.3.2.3 实施"形态更新工程"，社区自治推进老旧院落改造

锦江区于2017年出台"社区发展治理25条"，通过实施"社区形态更新工程"，推进老旧城区改造行动、背街小巷整治行动，着力完善地下管网更新维护、居民水/电/气供给、绿色环境品质再造等功能改造元素，补齐社区服务短板，持续改善社区人居环境（图5-40）。

图5-39 城市休闲新业态

图5-40 老旧院落改造效果

根据成都市制定的老旧院落改造指导标准，改造过程中社区从自治组织到硬件改造、从物业管理到维修资金进行逐一对标，按照城市总体发展部署推进工作。老旧院落在改造工作中充分发挥社区自组织和自治的力量，改造开始前按规定先成立住委会、家委会、院委会等院落自治组织，改造之后按规定成立业主委员会。院落自治组织一般由3~7人组成，成员之间有明确的分工和各自的工作职责。院落自治组织须按相关规定由院落业主选举产生。在此基础上，各社区还针对性地制定了自治公约，进行自治管理。院落自治组织根据院落居民授权，切实有效管理好院落日常事务，尤其是院落的安全稳定、环境卫生、日常秩序等，要持续长效开展管理。

5.3.2.4 提升精细化管理水平，全面治理背街小巷

为进一步改善区内人居环境和居民生活质量，以提升市民生活品质为目标，以市民感受为导向，推进城市治理重心下移、职能下沉，对全区308条背街小巷进行全面梳理。分类制定管理标准，精细提升管理水平，展开全面治理（图5-41）。

针对背街小巷脏、乱、差、破等问题，分别制定了治理措施。通过七大行动，全力精细化治理：积极开展"清扫保洁行动"，实现无卫生死角和积存垃圾；开展道路"本色行动"，实现无积尘、无灰带、无油污；强化"洁身美容行动"，实现果屑箱干净整洁无污渍，逐步更换背街小巷破损、老旧果屑箱；开展"公厕革命行动"，坚持24小时开放制度和卫生保洁；实施"快保行动"，社区新增白色垃圾快速捡拾车，实现垃圾及时清捡；开展"碧水行动"，加大对河道沟渠的清理疏浚和对沿岸垃圾的清理；开展"蓝天行动"，加强对建设场所、施工工地的管理和扬尘防治，确保防尘治尘措施落实到位；开展"绿地行动"，加大对绿化带的冲洗降尘力度，最大限度降低积尘给空气带来的污染。

图5-41 背街小巷治理效果

5.3.3 典型更新场景——繁华闹市的时尚慢生活

5.3.3.1 更新项目介绍

崇德里位于镗钯街北缘，据袁庭栋的《成都街巷志》记载，"崇德里北起中东大街，南接红石柱横街，原来是无名小巷"。20世纪20年代，一位名叫王崇德的商人在此买地修建了川西民居风格建筑，因此取名崇德里。抗日战争时期著名作家李劼人和"中华文艺界抗敌协会成都分会"都曾在这里办公。1949年以后这里的房屋被分给城市居民居住，到21世纪只剩下3个小院落院和一栋宿舍楼，建筑面积只有1100平方米。

经历80余年的岁月，几经易主，崇德里变成了一个脏乱不堪的低洼棚户区。2011年，锦江区通过政府引导社会参与的方式，由四川籍艺术家王亥担任该项目负责人，对其进行改造升级。改造更新后的崇德里重现了老成都的市井生活和城市记忆，变成"最成都"的时尚人文体验地[①]（图5-42）。

图5-42 崇德里更新前后对比（图片来源：社区提供）

5.3.3.2 更新要点

（1）现代与历史相洽，修旧如旧延续城市记忆

崇德里改造设计在建筑形态上尊重了现存街巷和建筑布局，修缮方式和理念为"修旧如旧""改旧如故"，按照老成都传统院落民居的营造格式，实施选择性拆除改造，根据建筑的实际情况，最大限度地保留修复历史建筑，升级采取"拆、改、留"的方式进行修缮、整治和复原（图5-43）。

改造后的建筑能够满足现代生活方式的形态需求，植入鲜明的德国现代艺术风格，而建筑的外观、材料和形制却保持原汁原味，极大地保留城市记忆和烟火气。崇德里也由此蝶变为成都的潮流文艺新地标，成为一处地道的成都市井生活样板。

---

① 成都街巷系列（44）崇德里老巷话今昔。http://blog.sina.com.cn/s/blog_4d2bac170102vhed.html.2015.7.2。

图5-43 修缮后建筑外墙

（2）设计主导更新，功能规划营造时尚慢生活场景

崇德里的建筑采用原有建材和传统工艺进行修复，修缮后的3个院落用作茶室、餐饮场所和酒店，极富意味地命名为"谈茶""吃过""驻下"，功能的更新和空间的重构蕴含丰富的场景意义和文化信息，体现出设计者独具的时尚"慢"生活主张（图5-44）。

"驻下"客舍所在的4号楼改造过程中，突出的特色和亮点是充分利用空间功能规划来实现设计构想。4号楼原为一栋职工宿舍楼，建筑使用原本就是按居家功能进行设计，改造后的房间也依然可以感受到家的氛围，比如不少房间里都有如同餐厅的独立空间，既可以用来办公看书，也可以喝茶吃饭；灯光的设计以多向性光源为主，色温柔和，完全不似寻常酒店般生硬和疏离；更有趣的部分是设计师没有刻意控制酒店与邻里居民建筑间的距离感，而是很自然地让彼此形成和谐的交流关系，营造浓郁的邻里氛围（图5-45、图5-46）。

图5-44 崇德里主题："谈茶""吃过""驻下"

图5-45 "驻下"客舍所在4号楼改造成果

图5-46 改造后房间

（3）多方参与协作，"能人"激发社区更新和治理活力

崇德里的改造是社区通过与设计师、企业的合作对原址进行保护性修缮，既维护了城市的传统风貌和社会、文化效益，又充分发挥了"能人"的号召、带动作用以及企业在业态布局、市场导向方面的优势。设计师以艺术家特有的敏锐视角结合老成都人对城市文化的深刻理解，形成一套尊重场地与历史、兼顾各方利益的更新改造方案，得到政府、社区、居民的一致认可，极大地提升了工作效率，仅用3个月时间便完成从模拟搬迁到正式搬迁的工作。

与以往的拆迁和改造类项目不同，崇德里的更新改造最大限度地保持旧址的原貌，延续了城市文脉和历史风貌。同时，通过引入专业企业进行运营，不仅减轻了政府的压力、盘活了存量资产，也引入了更先进的产业和业态，完成了街区的功能更新。崇德里的更新探索为传统街区和历史建筑改造提供了一条新的解决路径。

5.4
铁路文化的新生——昭青路社区更新

5.4.1 社区概况

►   昭青路社区隶属于成华区青龙街道，处于昭觉寺横路以东（东侧人行道以东，包括东侧人行道），青龙路以南（北侧人行道以南，不包括北侧人行道），致强路以西（东侧人行道以西，不包括东侧人行道），致兴路以北，面积约0.78平方千米（图5-47）。目前属城市社区，2020年常住人口27182余人。社区成立了残疾人协会、计生协会、人民调解委员会、妇代会、文体队等组织，社区现有两委人员12名，工作人员14名。交通情况便利，紧邻昭觉寺汽车站，150路、1035路、156路公交服务于辖区内[①]。

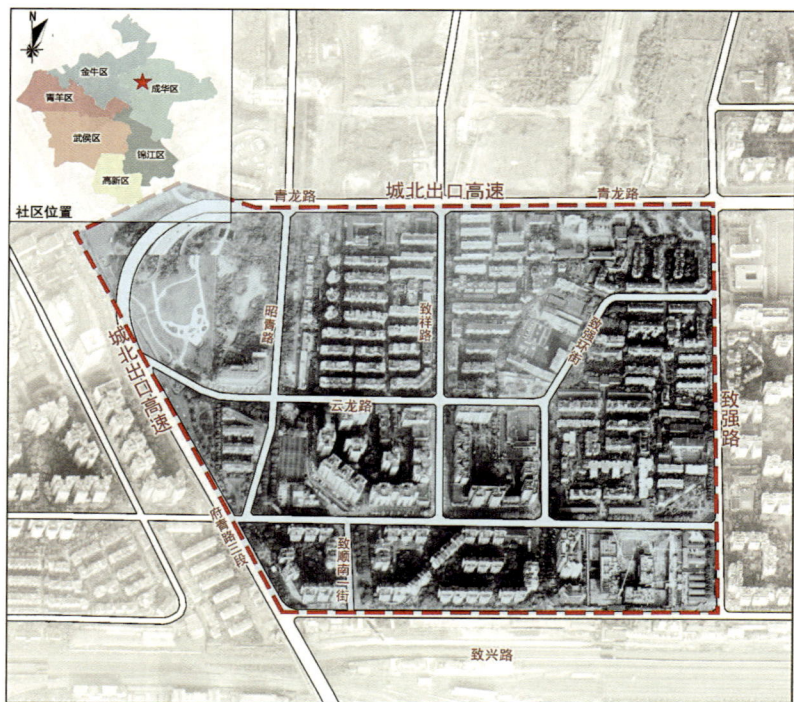

图5-47 昭青路社区概况图

----

① 成都市基层公开综合服务监管平台成华区青龙街道昭青路社区。http://jcpt.chengdu.gov.cn/chenghuaqu/zhaoqinglushequ/。

社区现有商品房、安置房、老旧院落、单位院落共计28个。社区特殊人群居多，文化特色景观丰富，拥有铁路文化老旧物件博物馆、青龙记忆文化墙、昭青大院文化墙、5811青龙记忆文创公园（图5-48）等；社区即将打造营商环境一条街，且新培育有社区咖啡、蛋烘糕集团、足球场等消费新场景和特色业态。

图5-48 5811青龙记忆文创公园

5.4.2 更新举措

5.4.2.1 探寻"文化+"更新路径，塑造现时代社区精神

昭青路社区铁路家属院落多，铁路建设精神影响深远。社区更新建设中围绕铁路文化资源，发起组建一支由社区"两委"部分成员、网格员代表、党员群众、社会组织、社会企业构成的27人规划众创队伍。通过找准居民之间的情感链接——铁路文化，深度挖掘老社区的历史精髓，厚植成都文化、传承青龙记忆、讲述街坊故事，展现独特的地域文化特色，留住老人怀旧的老社区情结，塑造社区核心价值，融洽邻里社区氛围，重塑人与人之间的社会关系，从情感上提升社区凝聚力、归属感、幸福感。同时积极探索"1个城市规划设计师+1个社区发展规划师+N个居民及社团负责人"的社区治理项目互动规划机制，立足"新街坊·家空间"社区治理需求，共同参与项目设计、项目建设、项目命名等全过程，征集居民和驻区单位的建议意见1.2万条（次），梳理出集装箱、文博馆、月台等元素（图5-49），形成系列的铁路主题文化新景观形象，赋予每个建筑、每个文化符号、每条健康步道、每个社区综合体功能室"人情味道""城市乡愁"等属性，以"改造环境、留住精神"等艺术手法打造社区的"精神空间"（图5-50），同时凸显老青龙场镇"三街九坊十二院"建筑和文化美学形态，让乡愁行走在城市之间[1]。

---

① 昭青路社区两委《2018年社区工作总结》。

图5-49 集装箱、月台元素

图5-50 手绘文化墙

5.4.2.2 构建"智慧+"信息平台，提升社区治理水平

针对长期以来"社区组织多却聚不拢""社区安全隐患找不出管不住""社区服务视频化"等问题，昭青路社区引进四川创新社会发展与管理研究院、长虹集团虹慧云池社区大数据中心等社会组织与社区企业研发智慧社区基础系统平台，打造智慧新街坊家空间（图5-51），推动社区运行"一网统治"、政务服务"一网通办"、社会诉求"一键回应"、居民自治"一屏参与"的社区共同体建设，构建"在服务中治理、在治理中服务"新格局。

图5-51 文韵昭青坊智慧体验馆

具体做法包括：一是聚焦社区可视化，绘制"一图"即智慧社区（街区）电子地图；二是聚焦组织发动，构建院落"e共治+"系统，开设社区圈、院落圈、单元圈、守望圈、"学习强国读书圈"等，构建社区党委→党支部→邻里义工汇→义工社团党建矩阵体系；三是聚焦社区大安防，构建社区"e共安+"系统，以社区网格为基础，构建共管理、共防范、共处置的平安社区网络体系；四是聚焦社区大服务，构建街区"e共服+"系统，发挥区域化党建引领作用，加强对辖区资源进行整合并"导入"社区，完善"公共服务+志愿服务+便民利民服务+社区商业服务"的全域社区服务体系，打造社区基金池，推动社区营造和自我发展[①]。

2020年初，成华区基于智慧社区研发"指尖守望"社区疫情防控专用系统（图5-52），于2月3日生

图5-52 微信小程序对接成华区"五色卡"智慧疫情防控（图片来源：社区提供）

---

① 昭青路社区两委《2019年社区工作总结》。

成全省第一张"电子五色卡""居民健康管理卡""小区出入通行证"，居民可通过微信公众号、小程序等快速接入，无缝对接成华区"五色卡"智慧疫情防控，实现"社区公共卫生安全管理热力图"智慧分析决策。

5.4.2.3 建设"信息+"配套设施，创新社区服务机制

针对社区配套差、结构差、公共财政不足、服务品质亟待提高等问题，昭青路社区依托智慧社区系统平台，探索治理和服务融合及公共服务大数据应用机制，构建"小社区、大联盟、大服务"智慧社区服务共同体，具体举措如下：

（1）打造生活服务"家门口驿站"（图5-53）

整合社区养老、医养结合、社区文化、社区教育、社区就业、志愿服务等便民生活服务，引进长虹集团、中国电信、中国移动、中国联通等入驻社区产业集群，按照"生命树"规律，构建婴幼儿（向日葵）—青少年（百合花）—中年（常青树）—老年（夕阳美）等智慧化生活特色场景，打造"智慧社区+居民生活"体验馆，目前，智慧社区终端链接全息生命周期服务事项76项，文韵昭青家门口服务站链接缝补、修理等"鸡毛蒜皮"的生活服务事项30余项，打通了服务群众最后"100米"。

（2）打造邻里服务"关爱驿站"

拓展智慧社区系统平台，打通社区卫生服务中心、社区文化活动中心、邻里驿站等业务数据通道，针对网格内空巢老人、残疾人、流动人口等特殊群体，打造"院落健康小屋""日间照料中心""阳光家园""生命绿岛""430学校"等个性化服务阵地，实现特殊人群"医生关心、社区关爱、志愿者关注"。

（3）打造公共服务"网上驿站"

坚持让信息化与需求有机结合，构建"区级市民中心+街道便民服务中心+社区服务站+院落连心驿站"四级便民服务阵地，整合政务服务资源，将民政、人社、卫健、群团等不同部门政务服务资源集成到智慧社区终端，使42项公共服务直通居民"家门口"，实现"琐碎事不出院落，便利事不出社区"，变"群众跑腿"为"信息跑路"[1]。

图5-53 生活服务"家门口驿站"（图片来源：社区提供）

5.4.2.4 形成"活动+"空间场景，营造社区睦邻新氛围

针对昭青路社区公共空间匮乏、社区

---

[1] 昭青路社区两委《老旧社区治理创新实践及启示：以昭青路社区"青龙记忆·5811"新街坊治理项目为例》。

活动缺乏的难题，通过青龙记忆5811广场等项目变废置地为公共空间资源，并采取以"资源换资本""资源换服务"方式吸引社会企业合作，实现项目可持续性发展，主要做法有以下几点：

（1）加强社区项目孵化

为5811铁路印记微文创项目提供社区众创孵化、社区居民文化活动运营管理、微治理资源整合引进、场馆使用及管理等服务，每月开展至少8场群众需要的差异性公益+文化及培训活动（图5-54），包括趣味曲艺展演、国学大家讲堂、茶艺家风礼仪、非物质文化遗产手工传习、阅读、亲子文化体验、妇女权益讲座、儿童健康辅导、古琴古筝培训、居家创业讲座十大类，提供公益性岗位16个。

（2）加强社区活动营造

引入咖啡馆、花艺工作室、茶艺空间、手工小吃店等社区商业形态，制定社区商家公约，凡入驻社区的小店需按照入驻要求，每月提供不低于一场的公益活动（图5-55），以低于市场的费用开展部分收费文化项目活动，并将自己所得收益的10%捐赠到社区服务基金池，为社区基金池注入源头活水。

（3）加强资源整合

以"5811·青龙记忆广场"为窗口，以社区相关公共服务设施为阵地，引进四川创新社会发展与管理研究院、长虹集团虹慧云池社区大数据中心等社会组织、社区企业参与实现"四社联动"，构建社区服务网络综合体（图5-56），通过加强"智慧商居服务联盟"建设、开源社区基金、开发社区就业岗位等，不断扩大资源整合半径，提升综合服务能力。

图5-54 青龙5811广场举办的社区活动场景（图片来源：社区提供）

图5-55 社区活动营造场景（图片来源：社区提供）

图5-56 智慧体验馆（图片来源：社区提供）

5.4.3 典型更新场景——青龙记忆 5811 广场

5.4.3.1 更新项目介绍

"青龙记忆5811"广场位于昭青路社区，打造前长期闲置，社区居民逐年在地块上搭建起不少违章建筑，既影响观瞻，又存在潜在安全隐患，且拆除又会产生新矛盾，一度成为辖区居民和社区的关注焦点。为有效盘活存量空间，打造有活力的社区公共场所，青龙街道党工委整合社区规划师力量，与专业研究机构四川创新社会发展研究院、长虹集团虹信软件等联手，经过一年努力，对广场软、硬件设施进行了全面更新，获得辖区居民一致认可，形成了社区新的公共活动中心（图5-57）。

图5-57 青龙5811广场更新前后实景对比（图片来源：社区提供）

5.4.3.2 更新要点

（1）社区规划师介入挖掘社区"铁路文化"基因

更新项目地块周边铁路家属院落多、老年人多，且多为原铁路单位职工，居民有较多的共同生活经历和记忆。2018年7月，青龙街道启动社区规划师制度，通过专题走访、问卷调查、居民见面会等方式，先后召开4次社区众创工作会，调查访问昭青路社区居民8100多户，约2万人，其中地块所在昭青区城327户，调研辐射630份样本。在充分调研和征求居民意基础上，充分利用社区规划师制度的专业性，发掘"铁路文化"基因，利用1958年1月1日宝成铁路通车典礼在此举行这一时间记忆，成功找到在地文化的突破口，将项目命名为"5811青龙记忆广场"。社区规划师将地块精准定位为社区居民休闲消费的微广场，并赋予其"文创""文化""文商""文旅"功能，得到居民认同、"违建者"配合，项目改造阻力减小，矛盾纠纷有效化解。项目既唤醒了原住民的年代记忆感，又打造出"文旅成华·蜀韵青龙"新地标，让外来的新居民重获"归属感"。

（2）文创项目策划丰富社区主题活动、增强社区凝聚力

社区以发展为导向，聚合社区及社会资源，广泛发动居民和社会企业参与项目共建。在硬件打造上，充分利用铁路文化元素，打造出站台、火车轮、集装箱载体等，为居民提供"花木照护"、商业经营等共建参与机会，为社会企业入驻经营提供空间场所。组织了一系列旨在

促进社区居民参与和互动的主题活动（图5-58、图5-59）。同时，利用街道开展智慧社区建设的契机，打造"智慧社区科普基地"，促进未来智能居家、智慧社区发展，普及"未来生活"。

（3）社会资源引入助力项目运维、实现共建共享

在广场建设之初，社区规划师与研究机构就提出，引进社会资源参与运维以实现共治共建共享。项目硬件打造完成后，青龙街道党工委牵头，20多家驻区企事业单位代表，10家社会组织代表，50名社区和大学生志愿者，联合发起成立"5811自治委员会""驻区单位共建党支部""环境专委会"，推进党建引领与社区自治、城市管理、环境卫生等深度融合，通过花圃认领、树木养护等，探索共享治理服务体系。咖啡、禅茶、蛋烘糕等营业收入，长虹、联通在智慧社区展示空间的收入，均拿出利润的一定比例作为社区基金，用于广场运营维护，以此逐步构建起"社区+社工+社会组织+社会企业"的"四社联动孵化机制"，形成"市场+公益+社区基金"的发展机制，为项目长效发展找到了"开源渠道"。"公益+商业"的社区文创品牌影响力日增，社区基金池不断丰盈，5811广场如今已成为居民休闲、文化活动、科普活动的重要场所，成为青龙街道继动物园、昭觉寺之后的另一张文旅新名片。

图5-58 群众参与社区主题活动（图片来源：社区提供）

图5-59 论坛活动（图片来源：社区提供）

5.5

单位社区·和谐邻里——下涧槽社区更新

5.5.1 社区概况

► 下涧槽社区隶属成都市成华区二仙桥街道，东邻成都理工大学，西至下涧槽河，南接二仙桥北二路，北靠东华一路，系原成都机车车辆厂生活区，现有社区房屋大都是20世纪80~90年代机车厂所建，占地347亩，是一个典型的人口密集的大型国有企业老旧生活区（图5-60~图5-62）。社区成立于2006年7月，目前辖区内有居民楼126栋，单元284个，始建于1951年，总建筑面积约32万平方米。辖区居民总户数5373户，总人口14782人，其中常住人口11438人，占比77.4%，流动人口3344人，占比22.6%。60周岁以上人口占比约24.8%[①]。

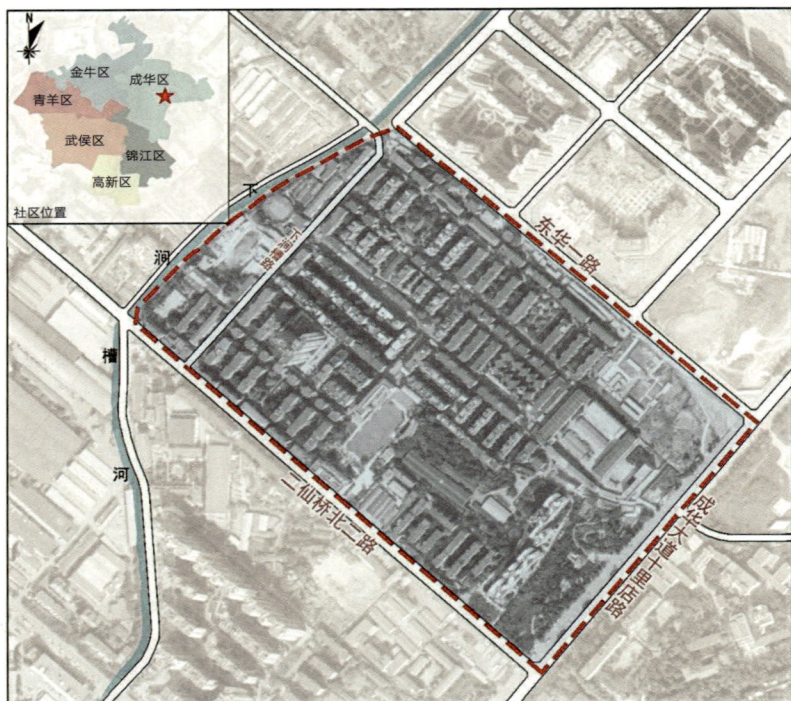

图5-60 下涧槽社区概况图

---

① 成都市基层公开综合服务监管平台成华区二仙桥街道下涧槽社区。http://jcpt.chengdu.gov.cn/chenghuaqu/xiajiancaoshequ/。

图5-61 下涧槽社区——二仙桥文化活动中心

图5-62 下涧槽社区——灯光球场

5.5.2 更新举措

5.5.2.1 空间活化再生，旧建筑变身党群中心，重聚社区向心力

下涧槽社区具有典型的单位社区特征，一直以来社区居民都具有很强的归属感，随着城市的快速发展与外来人口的大量涌入，社区的设施逐渐老旧、环境逐渐破败，居民结构也发生了巨大变化，社区凝聚力缺失。为更好地推进社区的现代化改造、满足新时期社区建设的需求，下涧槽社区在更新改造过程中，积极与中车成都公司协调，将小区内建于1952年的两排平房作为党群服务中心选址点位，并对建筑外立面及周边环境进行整治改造，重新建设了以党群中心为主体的居民公共服务中心，同时对该区域300多平方米的厅堂范围进行空间再造，充分发挥下涧槽社区党组织的链接功能，重塑"熟人社区"，极大地增强了社区向心力。

5.5.2.2 政企深入合作，推进"三供一业"① 改造，弥补宜居短板

下涧槽家属区是数代"成都机车厂人"居住生活的地方，以往水、电供应自成体系，配套设施完善，是周边居民羡慕的国有企业家属区。进入2000年以后，家属区水、电线路老化，设施陈旧，违章搭建随处可见。对此，居民改善用能条件和居住环境的意愿强烈。

2015年，国家级省、市相继出台政策文件，要求国有企业开展职工家属区"三供一业"分离移交改造工作，中车成都公司提出"依法依规、规范操作，创新作为、打造典范"的十六字方针，加快推进实施分离移交和改造，采取"先改造，后移交"的方式实施，根据实际情况，采取分阶段三步走的工作步骤，自2017年始持续推进社区改造，至2018年12月，供水、供电改造项目已全部完成，实现了新旧能源系统转换，物业改造项目基本完工。2018年12月14日，与成华区二仙桥街道办事处签订《物业管理职能分离移交协议书》。通过改造，社区的供能品质实现提档升级，通过拆除违章搭建、优化交通流线、重整社区景观、完善安防、增设公服设施等，家属区面貌发生翻天覆地的变化（图5-63）。宽敞、明亮、畅通、漂亮的小区环境增强了居民的幸福感、获得感。

---
① "三供一业"是指企业的供水、供电、供热和物业管理。"三供一业"分离移交是指国企（含企业和科研院所）将家属区水、电、暖和物业管理职能从国企剥离，转由社会专业单位实施管理的一项政策性和专业性较强、涉及面广、操作异常复杂的管理工作。

图5-63 改造前后对比

5.5.2.3 精心策划设计，重现社区时代记忆，高品质打造特色文化街区

下涧槽社区更新改造注重社区共同记忆与时代印记的挖掘、保存及再现，通过社区规划师设计能力和居民众创组创意能力的充分发挥，利用区内具有历史感和保护价值的老旧建筑，营造出兼具社区服务功能和特色文化记忆的公共空间和生活场景；同时结合社区居民的文化活动需求开展社区节目活动策划，在特色空间如"邻里月台"（图5-64）、"灯光球场"等打造了一批精神内容丰富、互动参与性强、具备一定文化艺术水准的精品文创项目，着力传承和发扬"机车文化"特色，既织补链接了居民共同的时代记忆，又灵活再现了现代文明的新社区生活，获得了社区居民的极大认可。

在具体的改造实施过程中，下涧槽社区不断优化社区规划师和众创组参与机制，除了对关键性节点的打造，还对社区内部主要的外部公共空间、健身活动场地以及沿街的建筑界面进行了统一的设计改造，融入居民记忆与社区文化，从细节处提升街区形态和业态，高标准打造"下涧槽路机车文化特色街区"（图5-65）。

图5-64 成华区二仙桥街道社区发展治理支持中心——邻里月台
（图片来源：社区提供）

图5-65 下涧槽商业街

5.5.2.4 精准把握痛点，社区规划师与居民协商共建，树立生活新风

为使规划设计充分体现问题导向、需求导向，社区规划师通过前期调研，围绕环境行为表现和居民日常生活需求，初步确定场地设计与改造的重点。设计前，社区众创组参与

了方案的讨论，并提出建议。设计团队在此基础上，结合前期调研成果，形成初步设计。然后，众创组带上初设意向，走访社区居民。居民针对设计方案，结合现状，再次提出新的意见建议。

这样不断往复，使得设计过程也在不断的交流中层层推进。截至2019年10月，社区共拆除违法建筑1.5万平方米，拆除围墙320米，新增绿地1.6万平方米，提前完成"两拆一增"①目标任务。推动新增、改造垃圾分类投放点位在辖区31个社区院落全覆盖（图5-66、图5-67），采取"户分类、社区收集、区运输"的模式，通过现场讲解、积分奖励、现场回收等方式营造全民关注局面，分步推行居民小区"定点、分类"投放要求，全力推进垃圾分类试点工作，树立了现代、文明的社区生活新风尚。

图5-66 生活垃圾分类投放点分布图
（图片来源：社区提供）

图5-67 垃圾投放点

---

① 2017年底，成都在中心城区启动了拆违建、拆围墙、增开敞空间的"两拆一增"专项行动。通过出台"两拆一增"工作《指导意见》和《工作导则》，围绕依法拆除、指导拆除、协商拆除、创新探索等，分别制定具体措施。

5.5.2.5 聚合多方资源，内外互动提供优质公共产品，营造和谐邻里

在持续的社区改造和微更新过程中，下涧槽社区逐渐探索出一条通过建立由规划师、高校老师、社区工作专家等组成的社区治理"智库"，梳理社区服务需求，研究社区发展与治理工作方法与路径，为街道提供社区发展治理的咨询、顾问和建议，并开展社区工作者、社会组织的培训，总结经验，梳理模式，形成可复制和推广的经验和模式。

同时结合社区发展的需要，从居民生活和所知出发，开展居民乐于参与的活动，让人们在参与中提升参与意识，建立社区服务与社区责任意识，提升社区归属感、荣誉感和凝聚力，通过社区活动提升参与社区治理的能力。比如自2016年来着力打造的院坝文化活动（图5-68），通过与四川省文化馆、四川省歌舞剧院、四川省音乐家协会等专业单位的合作，为社区居民提供文艺培训、文化活动开展指导等服务，极大地丰富了社区的文化生活，提升了居民的社区归属感和艺术素养。

图5-68 首届6·16社区文化狂欢节（图片来源：社区提供）

5.5.3 典型更新场景——焕发新生的老旧建筑

5.5.3.1 更新项目介绍

下涧槽社区是原成都机车车辆厂生活区，是一个典型的大型国有企业老旧住宅区。这种类型的老旧家属区是城市品质提升中的"老大难"，环境脏乱差、设施老化陈旧、私搭乱建未受约束，公共空间受到严重挤压。

为了优化社区服务功能，提高居民生活品质，二仙桥街道从保护与发扬机车厂特色地域环境，延续工业企业文化构筑现代生活美学的角度出发，对位于机车厂生活区前五坪的老旧平房（建于1952年，占地面积670余平方米，建筑面积310余平方米）进行空间再造和活化利用，集成优化社区生活服务功能，精心打造有人情味、接地气的社区党群服务中心，让居民切实感受到"服务就在身边"（图5-69）。

图5-69 改造后的下涧槽党群服务中心

5.5.3.2 更新要点

（1）老旧建筑精细化改造设计，空间活化与功能植入并举

更新项目将小区内建于1952年的两排平房作为党群服务中心选址点位，并对建筑外立面及周边环境进行整治改造，同时对中间近300平方米的厅堂进行空间再造，着力提升空间承载能力（图5-70）。

空间改造设计过程中坚持修旧如故，最大限度保留老砖老瓦，保护性升级改造了原有风貌景观和工业遗产点位。同时，以机车文化为切入点，开辟老机具、老物件、老照片展窗，滚动播放《坊间机车记忆》口述历史、《二仙印象》纪录片，着力构建文化共同体，留存时代记忆（图5-71）。

（2）聚焦"场景营造"，提供多样化社区公共服务

通过对老旧建筑的改造，为社区公共服务提供场所和载体，极大提升了公共服务水

图5-70 党群服务中心内景

图5-71 机车印象展（图片来源：社区提供）

平，同时良好的空间环境也进一步增强了场所的吸引力，增加了居民参与社区活动的积极性，产生了良好治理的效果，具体表现在以下几点：

一是推进了公共服务便捷化。改造后，居民在"家门口"即可办理低保等76项公共服务，并开设24小时警务服务站，向居民提供户政业务办理、港澳台签助、身份证自主照相、车驾管等延伸服务。

二是形成了生活服务场景化。结合居民日常生活需求，引导社区周边"小散"商户入驻社区党群服务中心，创新推出线上+线下互动融合的"睦邻帮生活服务平台"，为居民提供配钥匙、开锁、补鞋、缝纫、快剪理发、家电维修等生活类服务，同时也解决了部分社区残疾人、4050人员[①]的就业。

三是提升了特色服务专业化。引入社会组织整合执业律师、持证心理咨询师、政法干警、执业医师等专业力量为居民提供心理辅导、法律咨询等服务，推动社会力量服务社区发展。

四是保证了志愿服务经常化。有效整合志愿服务资源，党员义工、仙姐服务队、大学生志愿者活跃在社区的每一个角落，"微风行动""义仓""睦邻帮"等社区志愿者活动为社区居民送去温暖。

（3）推进公共参与，提升共建共享和社区治理水平

社区更新与发展离不开社区两委、居民、社区企业和社会组织的多方参与，下涧槽社区在对党群服务中心的更新改造过程中充分开展了以下重点工作，总结了一套独具特色的工作办法。一是广泛征询意见，社区决策居民共谋。坚持群众的事让群众商量着办，充分发挥社区党组织凝聚人心、引领示范的作用，因地制宜搭建小区居民协商议事平台，由社区党委与社区规划师团队、企业、社会组织、居民群众携手，从改造倡议、群众需求调查到商量设计方案、监督改造施工等方面，均让居民全程参与（图5-72）；二是以点带面，推动社区环境综合整治，引导居民参与社区共建共管。发动居民积极投工投劳整治房前屋后环境，积极协调各方力量提供人财物和智力支持，并通过共同商议拟定居民公约等方式参

图5-72 下涧槽社区更新改造中的居民意见征集

与维护管理，不断凝聚共建共管合力；三是加强实施评估，不断改进和提升服务水平。充分尊重和吸纳广大居民对社区更新工作的意见、建议，对更新项目实施评估。改造后的党群服务中心空间环境更优、服务功能更强，已成为社区微地标，社区居民的参与感和获得感极大提升，党群中心真正成为聆听居民声音、解决群众问题、凝聚社区活力的前沿阵地，社区共建共享共治的局面也得以充分体现。

---

① 4050人员：是指处于劳动年龄段中女40岁以上、男50岁以上的，本人就业愿望迫切，但因自身就业条件较差、技能单一等原因，难以在劳动力市场竞争就业的劳动者，是再就业最困难的群体。对下涧槽社区而言，相当一部分是原国有企业的下岗人员，随着年龄增长，就业也愈发困难，已引起各级政府和社会各界的关注。

5.6

天府味·国际范——望平国际化社区更新

5.6.1 社区概况

▶ 　　成华区猛追湾街道望平社区东与一环路接壤、北至玉双路、西依锦江河畔滨河路、南邻蜀都大道水碾河路（图5-73、图5-74）。社区为混合型社区，总面积0.5平方千米，2020年，社区有院落55个，总户数7412户，总人口近2万，社区党员369人，社区党委下设6个党支部，其中两新组织党支部2个。社区有西南电力设计院、中国测试技术研究院、四川省市场技术监督管理局、成都川剧研究院等驻区单位[①]。

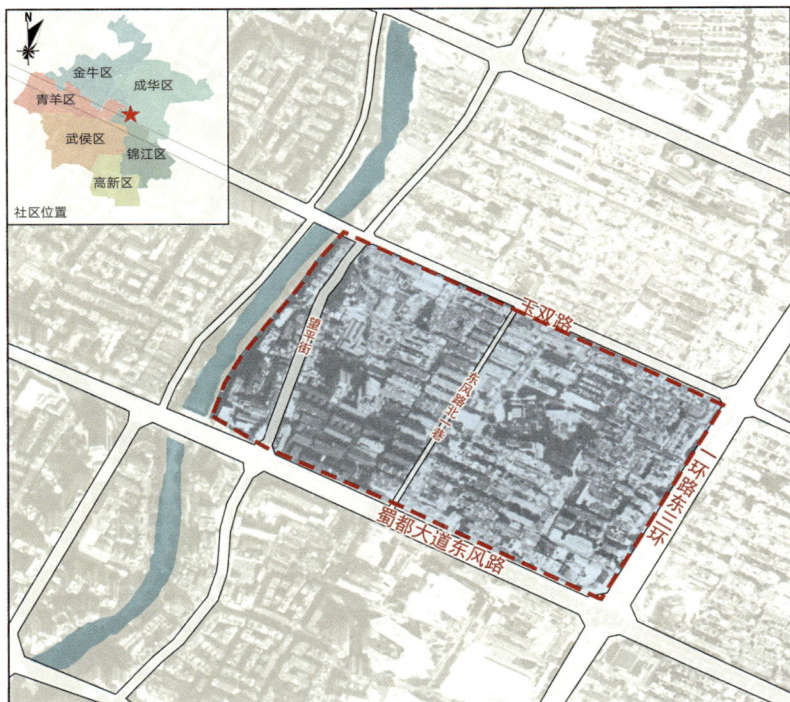

图5-73 望平社区范围图

---

① 成都市基层公开综合服务监管平台成华区猛追湾街道望平社区。http://jcpt.chengdu.gov.cn/chenghuaqu/wangpingshequ/。

图5-74 望平社区景观

5.6.2 社区理念及目标

望平社区党委依托猛追湾市民休闲区建设及望平社区自身特点，以党建引领集成打造国际社区，在已有高品质生活消费场景基础上，聚焦社区服务能力和治理水平提升，满足居民多元化高品质生活服务需要，提升辖区宜居度和幸福感。

（1）秉持共建、共治、共享的理念，多方主体共参与，推动形成生活命运共同体。

（2）坚持党建引领，探索"四大两微"工作机制，推动社区精细化治理。

（3）挖掘社区在地文化，合力打造国际化示范社区，加强驻区单位与社区的共驻共建，共建社区文化精神地标。

5.6.3 更新举措

5.6.3.1 打破传统社区边界，构建"大社区"概念

望平社区围绕国际化社区建设目标，打破传统行政社区边界，形成"一塔一带两湾一社区"的"1121"大社区概念。"一塔"指将天府熊猫塔融入社区配套设施体系，打造区域文化名片与形象地标"梦想之塔"（图5-75）。"一带"指以天祥滨河路至望平滨河路为核心，串联滨河沿线的成华公园、金融博物馆等旅游形成滨河休闲带，营造"夜游锦江"休闲消费体验场景。"两湾"指深度挖掘历史文化特色，在猛追湾上湾区融合现代商务、时尚娱乐等多种功能，下湾区植入创意文化、休闲餐饮等多元化业态，演绎"两湾共荣"的猛追湾都市人文风景线。"一社区"指依托公共资源的相互连接、互为共享，从文脉传承、环境改善、服务供给、治理机制四个方面提升社区整体品质。

5.6.3.2 联结片区组织形态，形成"大党建"格局

完善"街道党工委+社区党委+商企党组织"的区域化大党建架构，挖掘片区内各组织形态，借助社区共享办公平台——"万汇空间"拉近社区与商企间的距离，建立商企联盟

图5-75 天府熊猫塔

党组织Dream one（图5-76）、区域化党建资源库。通过资源共联、联盟共建、合作共促的3G共建模式，提供活动联谊、互访互学、技能培训等系列服务，培育联盟商户企业以社会责任反哺社区、服务辖区居民，构建服务共享、资源共聚、发展共促的"城市大党建·社区共同体"格局。

图5-76 Dream one街区综合委员会党日活动

5.6.3.3 针对多元消费需求，创建"大服务"体系

坚持"市场化原则""商业化逻辑"，依托万科公司进行整体管理和运营，植入非遗传承、文创办公等多元业态，满足多样消费需求，落实社区服务内容多元供给。依托滨河休闲带建立"一家一空间一中心"，实现社区服务载体多点布局。其中"一家"望平生活家聚焦服务综合共享，打造青少年成长空间、街区赋能基地、兴趣交流部落、商居游共享空间、智慧生活服务舱多功能于一体的高品质生活服务场景和智慧街区共享场景；"一空间"商企联盟空间针对商圈楼宇，提供党建、群团等方面差异化服务（图5-77）；"一中心"社区党群服务中心围绕居民生活，开展政务服务、便民服务、志愿服务、公益服务，突显国际化片区的多元化文化特征与高品质服务水平。

5.6.3.4 广泛开展体验活动，推动"大文化"传承

依托猛追湾故事馆、几何书店、梅花剧社等特色文化消费服务场所，定期联合商企、社会组织开展节日烟花秀、创意集市、美食节、戏剧表演等文化活动（图5-78），实现"周周有活动、月月有惊喜"。引入城市文化运营品牌资源，线上线下共同推广川菜、冰人皮影戏、川戏、老茶馆等本土文化品牌，丰富天府文化体验，营造出老成都、国际范儿的社区文化生活服务圈。

图5-77 商企联盟空间

图5-78 社区文化活动

5.6.3.5 深入引导共同参与，以"微更新"聚活力

以需成景、以景聚人、以人活景，微更新和国际化社区建设带来新场景。着眼望平社区实际，以群众需求和参与为导向，以原国税局、纸箱厂、一号院和四号院为基底，通过工业记忆和现代精神的融合，构建集文旅商产居于一体的社区文化综合体。

5.6.3.6 聚焦社区民事民情，以"微治理"聚和谐

建立以社区、网格、院落、楼栋为单位的四级民情气象站，及时收集与居民切身利益相关的民事民情"微信息"。聚焦"微服务"，组建高素质社区工作队伍，培育社区"微组织"，解决"微问题"，服务及管理"微企业"，广泛开展邻里互助、居民融入、纠纷调解等社区活动（图5-79、图5-80），将社会治理的任务落小落细，聚集大和谐。

图5-79 党员义工手绘社区文化墙

图5-80 业主委员会选举大会

5.6.4 社区更新重点

5.6.4.1 党建引领，社企携手，精细治理——Dream One 街区综合党委促和谐

"Dream One"音同"追梦湾"，寓意追梦之地、造梦之地，在党建领航下，街区的单位、企业、商户、居民等个体共筑"同一个梦想"，与街区共发展、同成长（图5-81）。建立以社区、网格、院落、楼栋四级民情"气象站"，聚焦辖区群众切身利益相关的"微事务"；引进5家知名社会组织，培育18家社区"微组织"，广泛开展邻里互助、居民融入、纠纷调解等社区活动，解决好小微问题。疫情期间，社区有爱，社企携手，传递温暖。猛追湾城市更新项目坚持党建引领、政企共建、多方参与的社区治理新模式，促进街区运营的连贯统一。

5.6.4.2 动静相逢，新旧交融，愈浪愈潮——焕发旧街巷新活力

猛追湾现在正重构着属于新成都的慢步调，打造"老成都、蜀都味、国际范"的市井特色时尚街区，让传统的人情味渗透进新潮的生活方式中。"小街巷·大艺术"——依托天府熊猫塔、猛追湾故事馆、沿江筑景、万汇空间、几何书店成都首店、梅花川剧社（图5-82）、冰人皮影和途家欢墅酒店等一批特色文化消费服务项目，开展"望平滨河市集""熊猫亚洲美食节"等活动，推广滨河文化、川剧文化、美食文化、熊猫文化等本土文化品牌。半里之内，湾流之畔，将工业文明悄然融入慵懒街区，让多元文化激发自在的生活方式。

图5-81 Dream one街区联合商会

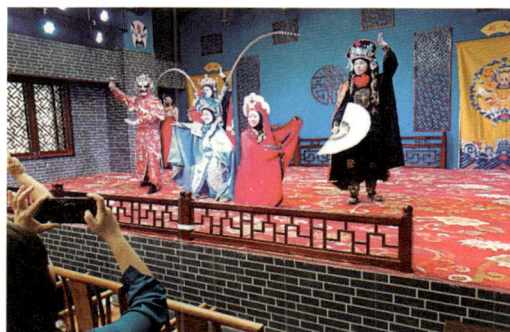

图5-82 梅花川剧社

5.6.4.3 弘扬文化，居民参与，共建共享——打造特色街区治理新场景

秉承"社区搭台、居民唱戏，多元包容、共建共享"的国际化社区传统文化氛围营造理念，通过社区活动营造良好的节日氛围（图5-83），弘扬传统文化精神，搭建居民互动平台，促进居民融合，丰富居民文化生活，整合社区资源，从而进一步调动辖区商企参与国际化社区营造以及特色街区打造，提升街区知晓率和影响力，增强街区商企荣誉感，进一步助力街区商企经营复苏，营造共建共治共享的街区场景营造氛围，推动商区和生态生活区融合。不仅增进了群众对传统节日文化的了解，也让更多的商企、居民认识和参与到国际化社区建设中，助力宜商宜居宜旅的社区高品质生活场景营造。以社区公益微创项目吸引居民参与，推动院落居民开展喜闻乐见的活动，推动院落居民共建共治共享和谐温馨的院落生活环境。

5.6.4.4 整合资源，推动慈善，绽放微光——共营社区邻里互助氛围

望平社区将持续整合多方资源，凝聚更多的力量推动社区慈善事业发展，在社区营造"慈善、民生、和谐"的良好氛围。"护望"社区基金的启动，极大地促进了成华区社区基金建设和社区发展治理以及公益事业的发展，为望平社区建设注入了新的活力（图5-84）。在深化基层社区治理模式、培育社会力量参与慈善公益事业发展（图5-85）、创新基层群众自治机制等方面先行先试，使社会力量在基层社区治理中真正发挥主体作用，形成区域内多元参与、共同治理、共促发展的基层社区发展治理体系，真正建设成为高品质和谐宜居生活社区（图5-86）。

图5-83 重阳互贺添福·欢乐共叙邻里情

图5-84 和驻区单位共同成立社区基金

图5-85 关爱残障人士

图5-86 开展邻里互动

5.6.5 典型更新场景——万象更新猛追湾·上湾

"烟火人间三千年，成都上下猛追湾。"猛追湾作为"夜游锦江"游线的重要节点，亦为社区"万象更新"的重要发力点。社区坚持以"综合整治·内容运营"为整体思路，坚持形态、业态与文态的统筹谋划，重新梳理脉络，让城市中心城区的旧街巷焕发新活力（图5-87）。伴随在地文化的复兴，

图5-87 猛追湾·上湾入口标志节点

希望在城市发展所带来的便利与标新立异中，仍保留一份具有归属感的城市节奏。

5.6.5.1 打造国际化社区舞台，营造沉浸式艺术文化街道场景

一街一巷，是生活的温情纽带，和城市的血脉链接，更是国际音乐之都天然的五线谱。成都首个街巷艺术节在这里成功举办，有说唱与川剧的跨界表演，有诞生于巷尾的"Hello Singer"街头展演，更有来源韩国和日本的戏剧演出等近10项艺术体验，带来沉浸式的国际艺术体验。社区着力打造多元化的广场空间，让市民感受到社区的多元魅力（图5-88）。猛追湾的街巷艺术节融合音乐剧街头快闪、露天音乐会、美食市集、戏剧分享、映像特展等，以街巷场景深度体现新时尚与老文化的碰撞，极致绽放成都致力打造"国际音乐之都"的魅力。

图5-88 多元化的社区广场活动

5.6.5.2 打造"最美一公里",趣味江畔市集

从滨河望平段绵延到天祥段的"最美一公里",每晚将倾情呈现涵盖文创、美食、娱乐、淘品等众多品类的市集活动,推动共享经济,让市民边逛边游,应有尽有,在成都闲适的夜晚走一走(图5-89)。

5.6.5.3 交融传统与现代文化,延续肌理脉络

行政机关、丝绸厂、游泳池等是这里的前世今生,信笺庭院、纺织印象长廊、时空虫洞让肌理脉络由此蔓延。重点打造集人间烟火气息与美食为一体的香香巷,举办"熊猫亚洲美食节"等活动,推广美食文化,留住香香巷的美食飘香记忆。通过更新活化旧建筑,利用现代玻璃、钢架结构等元素改造原有的纸箱厂、行政机关建筑,成为多功能商业建筑,打造集"空间+服务+配套"一体的万汇空间,让工业文明和现代时尚交相辉映"活在当下"的猛追湾故事馆,形成街区标志节点(图5-90~图5-92)。"从小朋友到老年人,各个年龄段的人都可以找到属于他们自己的玩耍消遣地,再现了'人间烟火三千年,成都上下猛追湾'的商旅生态型场景"。

图5-89 江畔市集夜景

图5-90 改造后的香香巷夜景

图5-91 改造后的纸箱厂内部景观

图5-92 改造后的社区创意市集夜景

5.6.5.4 植入多元业态，提升服务供给，凸显国际化多元文化

引入厘途、PAUSE、锦衣卫、KegKing、AXIS、几何书店、251克林顿街、HAPPAHAPPA等品牌，从咖啡轻食、料理酒吧到文创书店，满足舌尖与精神的双重诉求。汇聚各地美食文化，开拓新潮的生活方式，给旧街区带来新鲜活力感。把人民群众对美好生活的向往，在打造国际化社区中得到呈现，让城市有变化，市民有感受，社会有认同（图5-93、图5-94）。

在打造国际化过程中，成华区委区政府、猛追湾街道在坚持党委政府主导的同时广泛动员社会多元主体共同参与国际化社区建设。国际化社区打造由党委政府起主导作用，然后积极动员社会力量、社会的资源参与，利用市场原则、商业化逻辑打造国际化社区，既体现了市场的作用，更有公益的元素，让社会效益和经济效益实现了双丰收。

图5-93 休闲主题咖啡厅

图5-94 多种元素混合的娱乐空间

5.7

艺术+社区——玉林东路社区更新

5.7.1 社区概况

▶ 玉林东路社区隶属于武侯区玉林街道（图5-95），社区成立于2001年12月，2020年常住户4021户，常住人口11000余人，流动人口5000余人。驻区内有单位14个，其中有一所高级学院、一所中学、两个大型场馆，另有8个大型娱乐场所；有51个居民院落，成立46个居民小组。社区与四川省体育馆、玉林中学共驻共建，设立群众性文化活动场所700平方米[①]。

玉林东路社区"两委"紧紧围绕武侯区构建"立体化、多元化、社会化"社区治理格局，建立社区—网格—院落（小区）—楼栋（单

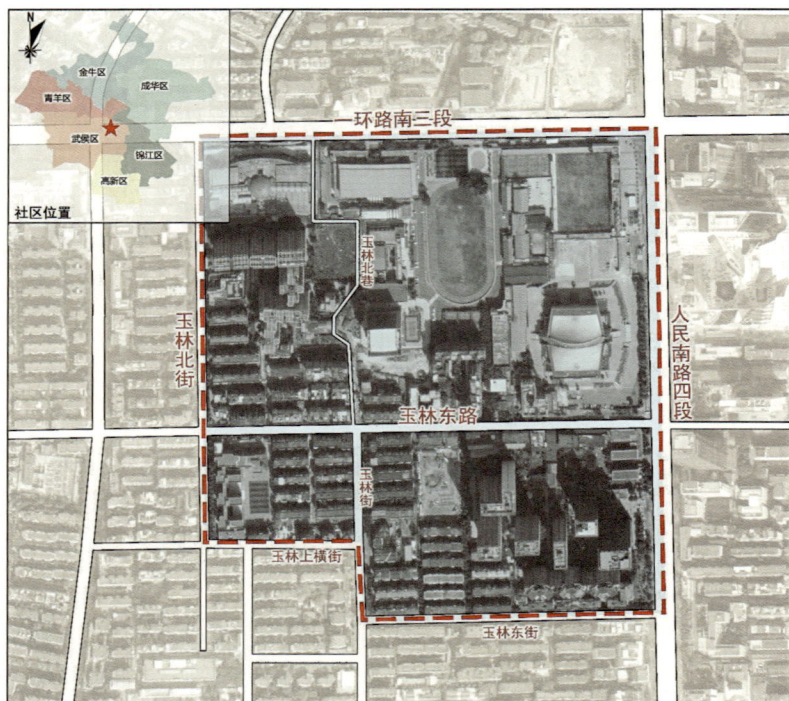

图5-95 玉林东路社区概况图

---

① 成都市基层公开综合服务监管平台武侯区玉林街道玉林东路社区。http://jcpt.chengdu.gov.cn/wuhouqu/yulindonglushequ/。

元）四级社区治理网络，用"整合资源、多元参与、协商共治"的工作思路，以民生需求为导向，通过构筑体系、三社互动、协商共治、搭建平台、共建营造提升居民自管理自服务能力和协商共治水平，逐步形成体系全覆盖、服务全方位、共建全参与的社区发展新模式。社区被评为民政部首批"全国社会工作示范社区""全国科普示范社区""四川省十佳优秀志愿服务社区""成都市创先争优先进基层党组织"。

5.7.2 更新举措

5.7.2.1 "三社联动"实现多元共治

为了确保社区、社会组织、社工"三社联动"机制的实施，武侯区搭建社会化参与平台，将下沉到社区的139项政务事项面向社会"发包"，实施社区服务"社会化"，拓展社会化的参与空间。同时，培育社会化参与主体，降低社区社会组织登记"门槛"，并从沿海发达地区引入具有品牌影响力的社会组织和专业社工服务机构，实施专业社工人才的"培育"计划，搭建"社会化"服务平台，实现社会化参与主体的快速发展。

此外，进一步划清"行政权力"与"自治权利"的界限，明晰政府与社区权责的边界，改变政府对自治组织行政命令或行政干预的传统做法。以社区为平台、以社会组织为支撑、以专业社工服务为提升的"三社联动"治理新机制，成为社区治理"新常态"。

5.7.2.2 探索"社区规划师 + 社会组织"新路径，利用社区规划推进城市更新

在社区更新发展的组织方式上，通过建立社区规划师建设"344"模式，即以"自上而下与自下而上结合、专业与非专业结合、规划设计与建设实施相结合"的三个结合形成保障机制，以"领导者、赞助者、参与者、利益相关者"的四方联动形成动力机制，以"居民动员、关键者寻找、社区规划师培养、自组织培育"四大策略形成社区动员机制，打造更加亲民化、生活化、公园式的社区空间，培育更加现代化、品质化、便利化的社区业态。

玉林东路社区联合区内其他社区整合利用社会组织、驻区单位、合作高校国际资源，促进各类国际化交流活动，向世界宣传成都、展示武侯、推荐玉林，吸引文旅、文创产业落地（图5-96）。如：通过成都乐聆公益中心，引入国际前沿的美国音乐艺术治疗技术；开展"创业周末"青年创新创业活动，并计划在澳门地区举行武侯·玉林专题推广会，展示"文创武侯"和玉林生活美学的独特魅力。

5.7.2.3 引入专业社会组织和社工服务机构，提升社区人才专业化水平

在社区人才队伍建设和培养方面，一方面，从上海等地引进品牌社会组织，与本土社区社会组织相互促进、融合发展，进一步提升社区服务水平，有效地引领和带动本土社会组织的快速发展。另一方面积极实施专业社工人才的"培育"计划，积极开展社工人才的基础培训、高校专业培训、实践培训，参加全国社会工作者职业资格考试成为社区社会组

图5-96 爱转角文创街区

织工作人员扎根社区服务的新选择。此外，建立社会工作者工资待遇科学增长机制，加快推进社工人才队伍的专业化职业化建设，并制定相应的奖励措施。

经过实施一系列培育和扶持举措，当前社区社会组织和专业社工人才队伍得到壮大，结合社区社会组织居民服务中心（图5-97），进一步加速社区社会组织的规范化、专业化水平发展步伐。

5.7.2.4 社区工作与志愿服务相结合，开创社区服务新局面

玉林东路社区在成都市慈善总会建立成都市首支社区公益慈善基金——睦林公益基金，宣传倡导公益慈善及志愿服务理念，面向社会募集资源，定向用于辖区内养老扶幼、助残济困等慈善救济项目和社区志愿服务的开展，保障志愿服务的可持续性发展。同时，对社区志愿者进行分类培训和服务跟进，提升志愿服务的投入度和专业性，促进志愿者队伍成长与居民广泛参与。目前，社区已经培养"美好明天"社区儿童关爱、睦林长者互助社等8支社区本土志愿者队伍，且已有4支志愿者队伍登记、备案，在册志愿者500名。

社工与志愿者双向互动、携手联动，共同为社区居民提供更专业、优质、丰富的志愿服务（图5-98）。社工对志愿者进行专项培训和服务督导，2015年培训和督导达40次，主

图5-97 玉林街道社会组织居民服务坊

图5-98 志愿者项目与活动（图片来源：社区提供）

要涉及志愿者服务理念、志愿服务项目设计与管理、社区和小组活动的设计与带领等内容；志愿者又反过来补充社工服务，志愿者参与社工服务达800人次，促进了社区多元服务等方面工作的开展。

5.7.2.5 多元化资源融合，不断丰富社区资本

玉林东路社区通过积极与上级单位、部门对接，主动出击，按照街道整体安排，探索建立"双基金"（公益基金、发展基金），加强与市慈善总会合作，壮大公益基金，探索"社区+社会组织+企业"的社区慈善模式，定向用于公益事业；充分利用外部资源，积极尝试联合社区金融企业如华夏保险、天安人寿等建立发展基金，利用众筹式金融杠杆撬动社会企业发展。尝试建立社区时间银行，发行"玉林交子"，在双基金保障下，推动并保障社区志愿服务体系、互助服务体系发展。

5.7.3 典型更新场景——车棚改造的社区艺术空间

5.7.3.1 更新项目介绍

"玉林棚客"坐落在武侯区玉林街道玉林东路社区玉林四巷7号院、9号院之间，面积约300平方米，前身是玉林中学初中部废弃的自行车车棚。更新改造前，因权属模糊，无人打理，车棚铁门锈迹斑斑，棚顶满是落叶杂物，棚内垃圾成堆、老鼠成群。

随着社区更新和治理工作的逐步推进，车棚的去留问题摆在玉林东路社区居民的面前。通过广泛征询意见和筛选，社区请来公益规划师——成都一介的张唐团队，希望用参与式规划设计，将车棚改造成一个居民喜爱的社区空间（图5-99）。

图5-99 车棚改造前后对比（图片来源：社区提供）

5.7.3.2 更新要点

（1）参与式规划设计，四方协议促项目落地

车棚改造之初，车棚的权属、改造资金来源、项目整体定位等诸多问题成为议而不决

的问题。为广泛征询意见，通过社区组织，社区居民在参与式规划设计沙龙上热烈讨论，集思广益形成诸多想法，为后续改造方案的实施提供建议。

按照计划玉林东路社区党委通过社区党建联席会和院落党小组，与车棚归属相关方——玉林中学和两个院落的居民辗转沟通，于2018年7月取得车棚的改造与使用权。然后社区两委、玉林东路7号与9号院落居民自治小组、成都睦林家社区公司和一介设计公司，四方以"社区合伙人"的身份，正式达成协商共治共建共享协议。社区两委负责统筹协调、部门联络、多方发动；院落自治小组负责院落协商和相邻关系调适；一介设计公司负责空间设计、改造与运营及车棚文化IP打造（图5-100）；成都睦林家社区公司负责周边协调、众筹资金、社区产业对接。而居民在这个过程中，以"合伙人"方式，为车棚的设计出智、筹资成为实际合伙人。

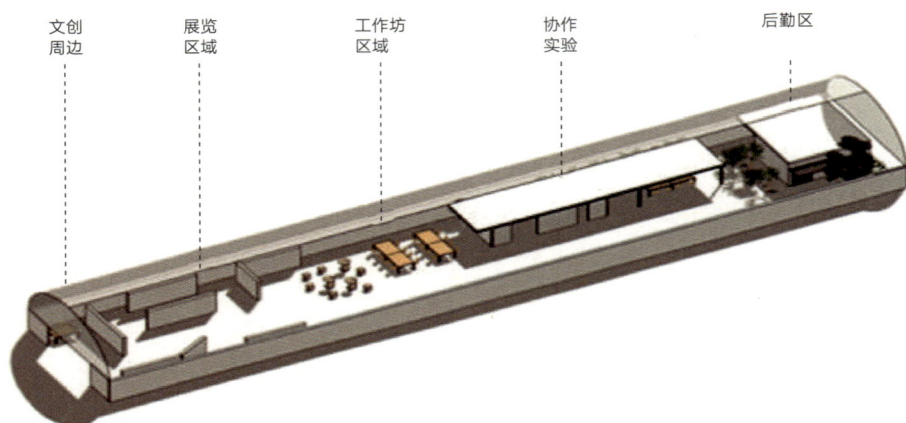

图5-100 车棚规划设计图（图片来源：社区提供）

（2）艺术与社区结合，空间更新与服务功能完善相得益彰

作为社区艺术空间，"玉林棚客"本着"每个人都是艺术家"的社区生活美学理念在空间上分设生活美学工作坊、社区艺术小展、文创周边推广、邻里联谊、轻食后勤五大功能交汇区，打造"永不落成的社区艺术空间"（图5-101），分别从"艺术发现""设计实践"

图5-101 社区艺术空间

和"设计融合"三个维度，引导居民用"艺术发现"的方式了解不在地图上的玉林人文，用"设计实践"的方式持续探讨社区更多的微空间更新议题，再通过"艺术融合"的方式让美学与设计成为日常生活方式（图5-102），让设计与艺术更深入玉林人的血脉，赋能社区居民。

同时，"玉林棚客"在个体与社区、社会与市场、艺术与生活之间架起一座新的桥梁，本着协商治理的理念，让多元主体在社区党建引领下共同参与，成长为社区空间活化的具体行动者，蕴含着极大的社区生命力。

（3）CAP社区艺术计划，让居民遇上美好生活

图5-102 居民参与拓印井盖（图片来源：社区提供）

2019年8月31日，"玉林棚客"正式亮相，同步推出的"CAP社区艺术计划"也正式开幕。油画、插画、装置、影像、音乐等活动一一上演（图5-103），将车棚空间与玉林社区的人文相叠加，将不在地图上的百姓故事搬进艺术空间；来自北京、上海、杭州以及日本东京、美国洛杉矶等多地艺术家驻地参与，与居民一起进行艺术协作试验；秋日生活美学体验、艺术设计课程赋能系列活动，吸引了众多青年及其家庭参与，渐渐形成艺术聚落；举办的"把玉林菜市场带回家""西方音乐史分享""旧衣改造""制作迷你杂志""艺术家对谈""车棚蹦迪"等多起跨年代社区艺术活动，促进社区代际和不同职业爱好的人群互动融合，使艺术生活化，使空间真正活化起来。

图5-103 社区艺术计划活动场景（图片来源：社区提供）

5.8
封闭到开放，闲置到共享——桂东路社区更新案例

5.8.1 社区概况

►   新都街道桂东路社区地处新都街道老城区东部，位于蓉都大道以西、桂湖东路以南、圣谕亭巷以东、南门河以北，面积约为0.5平方千米（图5-104）。该片区始建于20世纪80~90年代，人民银行新都支行、桂林建司、新新市场等企事业单位及家属院众多，兼有商住小区，是新都主城区几十年来城市发展、演变过程的生动缩影。2020年桂东路社区党委下辖6个党支部，党员254名、党小组18个。辖区内有企业7个、单位7个、商铺427间[①]。

    桂东路社区地处新都老城区，居民3461户，常住人口7800人，

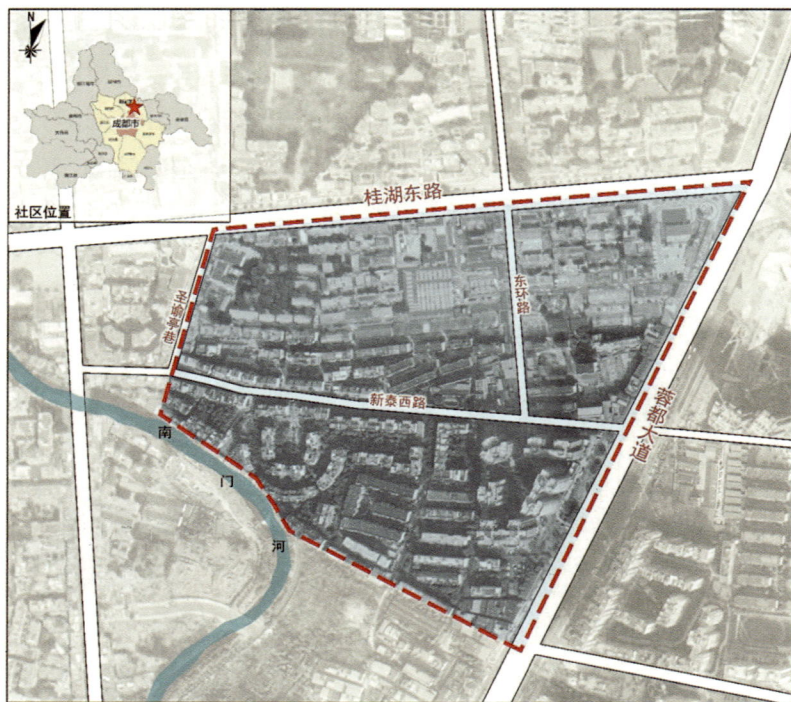

图5-104 桂东路社区概况图

---

① 成都市基层公开综合服务监管平台新都区桂湖街道桂东社区。http://jcpt.chengdu.gov.cn/xinduqu/guidonglushequ/。

流动人口2000人，现有院落41个，商业楼盘4个，单位宿舍5个，破产企业、自治老小区、公房等33个，其中有物业管理的院落5个，无物业管理的院落37个。桂东路社区所在片区始建于20世纪80年代，经过城市变迁，该区域逐渐形成一种小型、封闭、隔离的老旧小区形态，基础设施落后，小区环境脏乱，治安问题突出，居民矛盾严重。

5.8.2　更新举措

5.8.2.1　变封闭住区为开放社区，老旧院落换新机

桂东社区建于20世纪80~90年代，社区内包含小单位型住区、传统农贸市场、封闭居委会等典型老旧住区建筑与单位。2018年以来，对标成都市社区治理"五大行动"，新都区实施拆墙并院重塑公共休闲空间，打通空间障碍优化道路交通体系，利用背街小巷增加就业空间供给，改建补建补齐公共服务设施短板，创新机制体系营造平安和谐氛围，从而促进旧城有机更新，培育更加健康、更富有人情味的生活社区（图5-105）。桂东社区在更新治理过程中以规划为导向，以片区为单元，按照"两拆一增"要求，通过拆除违建、拆除围墙、拆改结合等方式，将9个各自封闭小院整合为一个大院，新增公共绿地300平方米、党群服务中心1个、市民广场2100平方米、停车位70个，安装监控探头31个，道闸系统2套，楼宇对讲系统410户，实现居民安心居住、放心出行、提升社区宜居度[1]。

图5-105　更新前后社区环境

---

[1] 桂东路社区两委《桂东路社区院落自治经验探索》。

5.8.2.2 闲置资产变身共享资源，提升公共服务水平

社区整治更新过程中，坚持以完善公服配套为重点，通过"留改建"，将原法院办公区域打造为5层、8900平方米的"一站式、全天候"社区服务综合体[①]（图5-106）。同时，针对社区缺乏儿童图书馆、公共空间等问题，社区利用原废弃制版厂的食堂，以社区微更新为抓手，打造儿童共享空间+居民交流场所，以高校公益师资和学生志愿者为力量，整合社区社会组织和社区退休教师群体，促进社区儿童和居民高度参与社区创造性活动，探索出一条社区微更新的成功之路。

在不断增强硬件条件的同时，社区坚持政府主导、企业主体、商业化逻辑，成立社区服务公司——桂东海嘉达商务服务有限公司，扩大优质服务供给，全面提升公共服务水平。

图5-106 桂东家客厅

5.8.2.3 大力引培社会组织和自组织，谋求社区共建共享共治

在强化治理能力方面，积极推进社区、社会组织、社会工作"三社联动"，积极引进金东公益、和润等四家专业社会组织，依托本地资源，筹建桂东社区综合服务中心，推进社区服务项目化，通过项目争取资金、政策，聚集放大社会组织专业优势，提升社区服务普惠性。积极鼓励党员干部、热心居民和有志愿服务意愿的群体成立舞蹈队、乒乓球队、志愿者服务队等各类自组织，指导支持各类自组织积极参与公益创投、项目服务，同时整合教育、卫生、文化、体育以及工会、残联、妇联等部门的公共服务项目资金，按一定比例向管理规范、服务优良、群众认同的自组织购买服务，全面支持自组织加快发展。

同时，根据居民需求，积极开展"微心愿、微治理""最美阳台"等活动，增强社区自发交往，引导社区自组织提出社区公共议题、实施营造项目（图5-107），培育社区居民共同体意识和"向上向善向美"社区精神，营造共建共治共享良好氛围。

---

① 桂东路社区两委《新桂东片区——探索共享社区新路径》。

图5-107 百米文化墙

5.8.3 典型更新场景——集智共建的树袋熊之家

5.8.3.1 更新项目介绍

"树袋熊之家"项目是桂东路社区以低成本微更新手法为路径，让一个废弃多年的破产企业（印刷制版厂）中心食堂"华丽转身"，"摇身一变"成为以儿童共享书吧为核心，集儿童陶艺吧、儿童艺术展廊、儿童创智花园菜园等于一体的社区儿童共享空间与居民交流场所（图5-108）。

"树袋熊的家"修建于2019年，占地面积1000平方米，通过探索区域化共建方式予以实施，明确以社区党委为主体，以体现群众需求为目标导向，积极吸纳单位机关、驻区高

图5-108 树袋熊的家改造后

校、社会组织等各方资源力量，构建起"1+11"区域化联建机制，逐步实现社区发展治理多元主体"同频共振、同心协力"的方式推进项目打造。

5.8.3.2 更新要点

（1）借力引智，社会组织与高校协作共促项目落地

"树袋熊的家"从项目发起到落地实施再到投用运营，全过程中始终有群众的参与和支持，有社区规划师的研究指导，还有社会组织团体的服务创造。项目投入使用后，通过引入社会组织，以高校公益师资和学生志愿者为主体，发动社区居民和儿童采用低成本微更新手法，打造儿童共享空间与居民交流场所，以社区儿童活动中心为载体，为社区适龄儿童提供各类公益服务。

通过空间美化、功能再造、业态更新，汇集更多群众、单位、组织共同参与，聚集各方社会资源，以点带面发挥社会作用，让"树袋熊的家"更富有人情味和特色化，实现小微公共空间的品质提升，为居民创造良好的生活环境（图5-109、图5-110）。

（2）社区居民与社会志愿者协力提供服务

为进一步形成良好的环境和和谐的氛围，社区积极引导居民参与，发动周边社区儿童和居民自己种菜刷墙、整理图书、打扫卫生等参与共建活动，提升公共空间品质，培养社

图5-109 树袋熊的家项目鸟瞰图（图片来源：社区提供）

图5-110 树袋熊的家室内布置

区居民的参与感和认同感。同时，建立儿童社区志愿者团队和家长志愿者团队，在专业志愿者导师的培养下成长为日常管理运营的主力军。如，志愿者团队定期为儿童提供免费阅读服务，每周固定时间开展借阅书籍、听故事、讲故事等互动体验活动，儿童参与阅读活动的积极性日益提升，不仅来看书的儿童明显增多，而且孩子们积极参加服务工作，社区营造的互动效果非常好。

在儿童活动中心里，设置社区儿童菜园、儿童共享书吧、儿童服装设计、儿童手工作坊、艺术共享展厅等共享空间（图5-111~图5-113），为社区儿童提供多样化的活动和服务，极大提升社区凝聚力。同时，儿童活动中心还充分利用闲置旧食堂和周边微绿地，用低造价微更新生态化理念，倡导关爱分享绿色教育。

（3）多方共建整合资源，公益合作促运营发展

为保证项目的可持续运营和服务能力的不断提升，桂东路社区做出积极的探索与尝试：一方面以社区党委为主体，积极吸纳单位机关、驻区高校、社会组织等各方资源力量，构建起"1+11"区域化联建机制，逐步实现社区发展治理多元主体"同频共振、同心协力"。一是通过政府采购一部分低价课程覆盖部分成本，二是链接优质高校公益力量和省市图书馆等社会公益资源服务老旧社区，在开阔老旧社区孩子们的眼界，实现新旧城区教育等值的同时，拟通过开展高质量的活动和自媒体推广，逐步形成社区儿童公益活动品牌。另一方面，通过商业逻辑公益运营的方式实现"树袋熊的家"可持续，搭建"爱心公益商家联盟"平台方式，引进培训机构低价为儿童提供阅读、美学、手作

图5-111 儿童服装设计

图5-112 儿童手工作坊

图5-113 儿童共享书吧

图5-114 公益活动

等社教活动；还引进社会组织对志愿者进行阅读导读培训，每周定时开展"童伴妈妈讲故事""小小树袋熊"等公益活动（图5-114），打造家长儿童的"成长课堂"，邻里之间的交流空间。

6

第6章 成都市社区更新的认知与思考

6.1

成都市城市社区更新的特征

6.1.1 宏观城市发展对微观社区更新的影响

▶ 　　党的十九大报告指出："我国社会的主要矛盾已转化为人民日益增长的美好生活需求和不平衡不充分发展之间的矛盾。"在当前从全面建成小康社会，迈向建设社会主义现代化强国的历史阶段，建设高品质生活宜居地是提升居民幸福指数的重要路径。

　　2017年，成都市发布了《成都市高品质和谐宜居生活社区（城市社区）基本评价标准》（成委发〔2017〕27号文）。2018年2月，习近平总书记视察四川，明确提出"突出公园城市特点，把生态价值考虑进去"。在成都市新一轮城市总体规划修编中，成都市明确提出建设"美丽宜居公园城市"，作为引领成都未来发展的全新城市规划理念，公园城市是以人民为中心、以生态文明引领城市发展的新范式，是山水林田湖城生命共同体，形成全面体现新发展理念的城乡人居环境和人、城、境、业高度和谐统一的大美城市形态。

　　2020年1月3日，中央财经委员会第六次会议提出："要推动成渝地区双城经济圈建设，在西部形成高质量发展的重要增长极。将成渝地区建设成为具有全国影响力的重要经济中心、科技创新中心、改革开放新高地、高品质生活宜居地，助推高质量发展"。

　　从高品质和谐宜居生活社区的建设到美丽宜居公园城市再到高品质生活宜居地，都可以看出，"宜居"这个关键词成为成都市城市发展的中心与重点。通过微观的社区更新工作推进，将成都市建设美丽宜居公园城市的宏观决策分解落地为中观和微观举措，也是成都市城市社区更新的重要责任。

6.1.2 城市有机更新的逻辑与城市社区的关系

　　成都市城市更新发展到城市有机更新阶段，是推动公园城市建设的关键抓手，也是应对老城区产业空心化的现实举措，对于"中优"区域实现转型发展具有十分重要的意义。

成都的城市空间呈现出城市有机更新阶段的典型性特征，瓶颈性问题突出，低效使用的工业区、商贸区、交通物流用地，老旧居住区，单位大院，城中村，镇村混合区等等并存，囊括了城市发展中的各种类型及各个发展时期的城市形态，这些问题在当前我国众多面临更新的城市中大量存在，也是成都市"北改""中优"区域的典型问题。

吴良镛先生在20世纪80年代提出了"城市有机更新理论"，即要"采用适当规模、合适尺度，依据改造的内容与要求，妥善处理目前与将来的关系——不断提高规划设计质量，使每一片的发展达到相对的完整性，这样集无数相对完整性之和，即能促进北京旧城的整体环境得到改善，达到有机更新的目的"。每一片的相对完整性最终促进整体环境的改善，在成都市体现在社区发展与治理与城市有机更新同步推进。城市有机更新对社区规模尺度的环境空间进行更新，在这个过程中需要社区公众参与并配合完成，因此社区治理体制的更新就显得尤为重要。

成都市城市更新通过城市空间点线面结合的更新模式，并综合运用"保护传承、优化改造、拆旧建新"的更新策略，积极探索"国企收购、统租运营、政企联建、自主更新"等改造模式，目前成都市将TOD开发作为城市有机更新的重要路径，按照"营城聚人、筑景成势、引商兴业"的思路，注重地上载体和地下空间整体规划，突出站城统筹连片实施，通过业态引入、场景植入、项目导入，打造集生产、居住、消费、服务等于一体的多功能、高品质城市空间。在成都市城市有机更新的系统推进和社区自治的语境下，成都市的城市社区更新以改善社区环境、促进社区发展为目标，兼用城市更新和社区治理的综合手段而开展社会工作与空间建设活动。成都市的社区更新关注社区空间新陈代谢的现实需求，同时也遵循城市更新的逻辑，协同社区内部调整与外部干预力量，不断完善社区功能，提升环境品质，优化社区服务，传承社区文化，持续强化治理能力，提高社区宜居性、适应性、认同感和归属感。

6.1.3 党建引领的价值导向与方向把控

党建引领是中国基层发展治理的政治灵魂和政治轴线，这也是中国城市发展治理区别于其他国家的最为根本的标志。从一定意义上来说，中国社会发展治理的成败就取决于政党这一组织能量的发挥程度。所以，在我国社区发展治理的灵魂在于政党。政党所具有的政治优势、价值优势、组织优势、制度优势和能力优势是联动式治理得以展开和推行的终极前提。

成都市在城市社区人口结构较为复杂、整体人口素质不高的情况下，要调动居民参与的能动性，依靠基层党员干部保持先进性，发挥先锋模范作用，夯实基层，构建网格化"微党建"格局。通过让党员干部成为志愿者、义工进行社区服务，使居民体会到党员干部为民服务的态度和热情，才能够逐渐参与其中。这种发挥基层优秀党员干部活力参与社区服务，带动全体居民认同并参与社区发展治理的模式，是解决居民自治基础的有效方法。

6.1.4 区—街道—社区的实施能力与创新能力

地方政府是推动城市社区更新的行政主体，通过明确的职能划定对各级地方政府和机构在城市社区更新中的工作进行明确的规定。成都市区级政府与区委社治委是主导成都市各区城市社区更新的抓手，区政府与区委社治委根据市政府的政策文件制定了大多数的实施性政策，在具体实施过程中，街道的基层政府派出机构和社区两委作为主导和核心，结合管区居民代表形成管委会机制，居民代表参与社区网格化管理与居民议事体系，以规划设计为主并融合社会干预，或者以公共空间改造为抓手进行社区能力建设，采用多种操作模式搭建各种开放平台作为社区协同的平台支持，邀请跨学科团队，培育社会力量，整合社会资源，培育社区居民作为可持续社区更新的在地力量，在这个过程中，区—街道—社区三个层级的政府与相关自治机构对更新和参与模式进行探索，可谓百花齐放。

城市社区更新作为城市治理的内容，需要协调在这个过程中包括政府、资本与居民的不同利益相关者。根据对成都市社区两委的访谈，大部分工作人员虽然觉得工作繁重辛苦，收入微薄，但却表达出了对社区工作的极大热情和对获得居民认可的极大满足。因此，社区熟人社会往往与一些"潜规则"相联系，比如为构建和谐的邻里关系提供便民服务、为维持和谐关系所抛出的一些福利或者是以降低福利的形式来促使居民与居委会互动等等形式。居委会通过这些"潜规则"维持着与居民友好的关系，使之能够促进各项工作的开展。为了营造和谐的社区氛围、构建积极的社区人际关系，居委会运用一些创新的非正式制度，维护和发展友善的邻里关系。

6.1.5 社区协同的蓬勃生命力

我国早期城市规划和社会学科的发展在很大程度上借鉴西方成果，包括社区规划和社区营造，在实践中，中国有着独特的制度背景和社会架构，成都市更具有本土的文化特征和生活传统，并不能完全照搬欧美经验。基于此，成都市的社会各个主体发挥自身的特色，如成都市的社区结合特色习俗采用坝坝会的形式收集居民意见，达成社区共识，进行公众参与，反映出基层社区的富有地方特色的参与模式。

成都市发挥基层力量，搭建多方、多层次参与的协同众创开放性平台，社区居民、社区工作者、居民代表、楼栋长、开发商、店铺主、政府工作者、社区规划师、志愿者、社会组织工作人员、相关专家、物业管理人员等等共同参与，减少制度性设计，强调人的参与、沟通，实现沟通理性，以项目导向实现协同众创，引发社区活力。

成都市各区建立社区社会组织培育孵化平台，制定完善孵化培育、人才引进、资金支持等扶持政策，落实税费优惠政策，引导驻社区单位、社会力量参与城乡社区治理，建立共建共享机制，开展城乡社区与驻社区单位双向服务活动，建立驻社区单位参与社区治理的责任约束和评价激励机制，支持建立社区老年协会参与社区治理，积极实施乡村振兴战略。按照问题导向、需求对接、项目运作的要求，推进社区、社会组织、社会工作"三社联动"，形成社区组织发现居民需求、统筹设计服务项目，社会组织、社会工作服务机构承接项目，社工团队执行项目、面向社区实施项目的联动机制，提升社区治理专业化水平，在社区更新的过程中体现出了各个主体蓬勃的生命力。

6.2
成都市城市社区更新的思考

► 成都市各级政府在社区发展治理工作中，更多地起到"指导和协助，服务和监督"作用，在制度设计中，将社区确定为自治主体，将权力下放到社区，减少政府对社区的行政干预，同时重视政府和社区间的双向互动。而从目前成都市的公众参与发展来看，成都市的城市社区，尤其在老街区、城中村、无物业管理的零散老旧小区，拆迁安置小区、农民安置小区、村改居社区、经济适用房小区、廉租房小区等地区，主要依靠地方政府提供公共服务，或由政府购买社会组织服务，居民对社区公共事务没有积极性，对政府的依赖性较强，在较长一段时间内，这种情况还将继续存在。

因此，为了持续加强公众参与力度，迎合政策的引导，首先要更进一步完善公众参与的基础性工作，培养居民基本的自治、参与意识。社区应该加强日常宣讲、培育活动等工作的举行，提升社区居民的整体自治意识；其次，完善从个人到组织的工作机制。通过成都市区级实施性政策引导下的社区更新实施可以发现，社区需要建立有效的沟通渠道、健全完善的沟通机制，以保证居民作为受影响者有效地传达自下而上的意见，更好地推动社区更新的实施。

城市社区更新的推进除了政府行政与基层党建的并行力量之外，非常依赖于社区自治力量的配合与协同。城市社区更新过程中的社区赋权指政府在社区更新决策中，赋予社区以更大的参与权和影响力，其政策导向在于强调居委会与政府部门在社区更新政策体系中的角色，促进政府与居民之间的交流与协同关系。社区两委作为直接联系政府及更新局等部门和社治委与居民的纽带，协同城市社区更新具体工作的推进。

另外，在社治委与更新局工作过程中，需要明确更新与治理的边界，一方面强化政府更新部门的专业性与操作性，另一方面需要强化社治委的组织性与平台性，从制度上将二者的工作权限划分开，在具体工作中，社治委作为代表人民利益，实现多方角色交流沟通的平台，与各更新工作推进的部门将"公共池塘"的资源进行更好地配置和利用。成都市创造性地成立了社治委机构，该机构具有社会主义优越性，能够系统地、自上而下地推进工作，也能横向联合不同角色进行合作，更能够自下而上反馈居民意愿。目前来看，社治委还可以继续扩大政府部门与社区的互动，建立长期有效的互动合作平台。

城市社区更新是一个持续性的过程，城市行政区的空间边界明确，但社区社会边界却是模糊的，如何识别挖掘社区价值，将社区和微更新与更大范围内的片区更新发展相关联，城市社区更新现阶段转化为"更新规划+行动计划"的模式，既是一个持续的过程，也是一个有生命的过程，需要相关权益人的支持乃至参与。通过制度建设形成常态化的城市社区更新，因地制宜地制定地方政策法规和公众参与机制，从而保障社区更新的常态化和有效性。

▸ 参考文献 ◂

[1] 司昆仑. 新政之后[M]. 成都：四川文艺出版社，2020.

[2] 四川省文史研究馆. 成都城坊古迹考[M]. 成都：四川人民出版社，2020.

[3] 张学君，张莉红. 成都城市史（修订本）[M]. 成都：四川人民出版社，2020.

[4] 成都市城市科学研究会. 成都城市研究[M]. 成都：四川大学出版社，1989.

[5] 赵丽宏. 成都人文系列：成都锦城觅诗魂[M]. 贵阳：贵州人民出版社，2013.

[6] 魏征. 隋书·地理志[M]. 北京：中华书局，1997.

[7] 成都市地方志编纂委员会. 成都概览[M]. 成都：成都时代出版社，2009.

[8] 傅崇矩. 成都通览[M]. 成都：成都时代出版社，2006.

[9] 成都市地方志编纂委员会. 成都精览[M]. 成都：电子科技大学出版社，2007.

[10] 郑光路. 成都旧事[M]. 成都：四川人民出版社，2007.

[11] 王笛. 跨出封闭的世界：长江上游区域社会研究（1644-1911）[M]. 北京：中华书局，2001.

[12] 王笛. 消失的古城：清末民初成都的日常生活记忆[M]. 北京：社会科学文献出版社，2019.

[13] 王笛. 显微镜下的成都[M]. 上海：上海人民出版社，2020.

[14] 王笛. 茶馆：成都的公共生活和微观世界1900-1950[M]. 北京：社会科学文献出版社，2010.

[15] 何一民. 变革与发展：中国内陆城市成都现代化研究[M]. 成都：四川大学出版社，2002.

[16] 林赶秋. 古书中的成都[M]. 成都：成都时代出版社，2019.

[17] 韩淑芳. 老成都[M]. 北京：中国文史出版社，2018.

[18] 王笛. 街头文化：成都公共空间、下层民众与地方政治（1870-1930）[M]. 北京：中国人民大学出版社，2008.

[19] 流沙河. 老成都芙蓉秋梦[M]. 重庆：重庆大学出版社，2014.

[20] 常璩. 华阳国志[M]. 济南：齐鲁书社，2010.

[21] 成都市地方志编纂委员会. 成都市志·房地产志[M]. 成都：成都出版社，1993.

[22] 曾九利. 成都市城市空间结构研究[D]. 重庆：重庆大学，2006.

[23] 刘春荣. 社区治理与中国政治的边际革新[M]. 上海：上海人民出版社，2018.

[24] CHUNRONG LIU. Contested Ground: Neighborhood and Community[J]. Understanding Chinese Society. 2011: 67-81.

[25] 郭金云. 基层党组织建设与社区多元治理：成都市锦江区双桂路街道的实践探索[M]. 北京：中国社会出版社，2018.

[26] 张汉，宋林飞. 英美城市更新之国内学者研究综述[J]. 城市问题，2008（02）：78-83.

[27] 洪亮平，赵茜. 从物质更新走向社区发展——旧城社区更新中城市规划方法创新[M]. 北京：中国建筑工业出版社，2016.

[28] 刘佳燕. 城市更新、社会空间转型与社区发展：以北京旧城为案例[C]. 2015.

[29] 刘佳燕. 社区更新：沟通、共识到共同行动[J]. 建筑创作，2018（02）：34-37.

[30] 张更立. 走向三方合作的伙伴关系：西方城市更新政策的演变及其对中国的启示[J]. 城市发展研究，2004（04）：26-32.

[31] 刘贵文，罗丹，李世龙. 文化主导下的城市更新政策路径演变与建议——基于政府角色分析[J]. 建筑经济，2017，38（09）：85-89.

[32] 严雅琦，田莉. 1990年代以来英国的城市更新实施政策演进及其对我国的启示[J]. 上海城市规划，2016（05）：54-59.

[33] 洪世键. 企业化地方政府与中国城市空间演化——基于租差理论的分析视角[J]. 城市规划，2017，41（12）：9-16.

[34] 成都市统计局，国家统计局成都调查队. 成都统计年鉴2018[M]. 北京：中国统计出版社，2018.

[35] 李强. 协商自治·社区治理：学者参与社区实验的案例[M]. 北京：社会科学文献出版社，2017.

[36] 郭金云. 社会组织发展与社区协同共治：成都市锦江区

水井坊街道的实践探索[M]. 北京：中国社会出版社，2018.

[37] 成都市统计局，国家统计局成都调查队. 成都统计年鉴2020[M]. 北京：中国统计出版社，2020.

[38] 郑国. 公共政策的空间性与城市空间政策体系[J]. 城市规划，2009（01）：18-21，73.

[39] 梁鹤年. 政策规划与评估方法[M]. 北京：中国人民大学出版社，2009.

[40] 詹姆斯·E. 安德森. 公共决策[M]. 北京：华夏出版社，1990：194.

[41] 范晓东. 公共政策视角下城市总体规划实施评估研究[D]. 重庆：重庆大学，2012.

[42] 欧文·E. 休斯. 公共管理导论[M]. 北京：中国人民大学出版社，2001.

[43] 张成福，党秀云. 公共管理学[M]. 北京：中国人民大学出版社，2001.

[44] MH. Policy Instruments, Policy Styles and Policy Implementation: National Approaches to Theories of Instrument Choice[J]. Policy Studies Journal. 1991, 19（02）：1-21.

[45] 袁明旭. 公共政策冲突：内涵、表现及其效应分析[J]. 云南行政学院学报，2009，11（01）：110-114.

[46] 刘慧华. 中国转型期公共政策冲突问题探析[D]. 哈尔滨：黑龙江大学，2012.

[47] 钱再见. 论公共政策冲突的形成机理及其消解机制建构[J]. 江海学刊，2010（04）：94-100.

[48] 施源，周丽亚. 对规划评估的理念、方法与框架的初步探讨——以深圳近期建设规划实践为例[J]. 城市规划，2008（06）：39-43.

[49] 吴良镛. 北京旧城与菊儿胡同[M]. 北京：中国建筑工业出版社，1994.

[50] 周晨虹. 英国城市复兴中社区赋权的"政策悖论"及其借鉴[J]. 城市发展研究，2014，21（10）：92-97，106.

[51] 李旭. 西南地区城市历史发展研究[D]. 重庆：重庆大学，2010.

[52] 成都市人民政府研究室、中央财经大学政府管理学院联合课题组. 成都城市更新优化与重塑策略——小街区规制与TOD模式[J]. 先锋，2016（03）：29-32.

[53] 翟永明. 成都的城市活力[J]. 时代建筑，2010（06）：66-67.

[54] 苏小栀. 成都市民休闲价值观及休闲行为研究[D]. 重庆：西南大学，2010.

[55] 李洁. 新时期成都"优雅时尚"城市文化的创新发展研究[J]. 四川戏剧，2020（07）：189-192.

[56] 何一民，王毅. 成都简史[M]. 成都：四川人民出版社，2018.

[57] 何一民. 成都学概论[M]. 成都：巴蜀书社，2010. 04.

[58] 王孟琪. 基于S-CAD政策评估的成都市城市社区更新研究——以成华区为例[D]. 成都：西南交通大学，2020.

[59] 成都年鉴社. 成都年鉴（1987）[M]. 成都：成都年鉴社，1987.

[60] 成都年鉴社. 成都年鉴（1988）[M]. 成都：成都年鉴社，1988.

[61] 成都年鉴社. 成都年鉴（1989）[M]. 成都：成都年鉴社，1989.

[62] 成都年鉴社. 成都年鉴（1990）[M]. 成都：成都年鉴社，1990.

[63] 成都年鉴社. 成都年鉴（1991）[M]. 成都：成都年鉴社，1991.

[64] 成都年鉴社. 成都年鉴（1992）[M]. 成都：成都年鉴社，1992.

[65] 成都年鉴社. 成都年鉴（1993）[M]. 成都：成都年鉴社，1993.

[66] 成都年鉴社. 成都年鉴（1994）[M]. 成都：成都年鉴社，1994.

[67] 成都年鉴社. 成都年鉴（1995）[M]. 成都：成都年鉴社，1995.

[68] 成都年鉴社. 成都年鉴（1996）[M]. 成都：成都年鉴社，1996.

[69] 成都年鉴社. 成都年鉴（1997）[M]. 成都：成都年鉴社，1997.

[70] 成都年鉴社. 成都年鉴（1998）[M]. 成都：成都年鉴社，1998.

[71] 成都年鉴社. 成都年鉴（1999）[M]. 成都：成都年鉴社，1999.

[72] 成都年鉴社. 成都年鉴（2000）[M]. 成都：成都年鉴社，2000.

[73] 成都年鉴社. 成都年鉴（2001）[M]. 成都：成都年鉴社，2001.

[74] 成都年鉴社. 成都年鉴（2002）[M]. 成都：成都年鉴社，2002.

[75] 成都年鉴社. 成都年鉴（2003）[M]. 成都：成都年鉴社，2003.

[76] 成都年鉴社. 成都年鉴（2004）[M]. 成都: 成都年鉴社, 2004.

[77] 成都年鉴社. 成都年鉴（2005）[M]. 成都: 成都年鉴社, 2005.

[78] 成都年鉴社. 成都年鉴（2006）[M]. 成都: 成都年鉴社, 2006.

[79] 成都年鉴社. 成都年鉴（2007）[M]. 成都: 成都年鉴社, 2007.

[80] 成都年鉴社. 成都年鉴（2008）[M]. 成都: 成都年鉴社, 2008.

[81] 成都年鉴社. 成都年鉴（2009）[M]. 成都: 成都年鉴社, 2009.

[82] 成都年鉴社. 成都年鉴（2010）[M]. 成都: 成都年鉴社, 2010.

[83] 成都年鉴社. 成都年鉴（2011）[M]. 成都: 成都年鉴社, 2011.

[84] 成都年鉴社. 成都年鉴（2012）[M]. 成都: 成都年鉴社, 2012.

[85] 成都年鉴社. 成都年鉴（2013）[M]. 成都: 成都年鉴社, 2013.

[86] 成都年鉴社. 成都年鉴（2014）[M]. 成都: 成都年鉴社, 2014.

[87] 成都年鉴社. 成都年鉴（2015）[M]. 成都: 成都年鉴社, 2015.

[88] 成都年鉴社. 成都年鉴（2016）[M]. 成都: 成都年鉴社, 2016.

[89] 成都年鉴社. 成都年鉴（2017）[M]. 成都: 成都年鉴社, 2017.

[90] 成都年鉴社. 成都年鉴（2018）[M]. 成都: 成都年鉴社, 2018.

[91] 成都年鉴社. 成都年鉴（2019）[M]. 成都: 成都年鉴社, 2019.

图书在版编目（CIP）数据

成都城市社区更新理论与实践 / 赵炜，李春玲，吴潇著. — 北京：中国城市出版社，2020.11

（城市社区更新理论与实践丛书 / 赵万民，黄瓴主编）

ISBN 978-7-5074-3300-5

Ⅰ.①成… Ⅱ.①赵… ②李… ③吴… Ⅲ.①城市—社区管理—研究—成都 Ⅳ.① D669.3

中国版本图书馆 CIP 数据核字（2020）第 172843 号

图书总策划：欧阳东
责 任 编 辑：石枫华　兰丽婷　张　瑞
书 籍 设 计：韩蒙恩
责 任 校 对：王　烨

城市社区更新理论与实践丛书
赵万民　黄　瓴　主编

成都城市社区更新理论与实践

赵　炜　李春玲　吴　潇　著
*
中国城市出版社、中国建筑工业出版社出版、发行（北京海淀三里河路9号）
各地新华书店、建筑书店经销
北京锋尚制版有限公司制版
临西县阅读时光印刷有限公司印刷
*
开本：787 毫米 ×1092 毫米　1/16　印张：11½　字数：251 千字
2021年8月第一版　2021年8月第一次印刷
定价：**138.00** 元
ISBN 978-7-5074-3300-5
　（904288）